商务英语教学与人才培养研究

卢长兰◎著

吉林出版集团股份有限公司
全国百佳图书出版单位

图书在版编目（CIP）数据

商务英语教学与人才培养研究 / 卢长兰著 . -- 长春：吉林出版集团股份有限公司，2022.11
ISBN 978-7-5731-2816-4

Ⅰ.①商… Ⅱ.①卢… Ⅲ.①商务—英语—人才培养—教学研究 Ⅳ.① F7

中国版本图书馆 CIP 数据核字 (2022) 第 233199 号

商务英语教学与人才培养研究
SHANGWU YINGYU JIAOXUE YU RENCAI PEIYANG YANJIU

著　　者	卢长兰
责任编辑	祖　航　林　琳
封面设计	李　伟
开　　本	710mm×1000mm　　1/16
字　　数	200 千字
印　　张	12.5
版　　次	2023 年 3 月第 1 版
印　　次	2023 年 3 月第 1 次印刷
印　　刷	天津和萱印刷有限公司
出　　版	吉林出版集团股份有限公司
发　　行	吉林出版集团股份有限公司
地　　址	吉林省长春市福祉大路 5788 号
邮　　编	130000
电　　话	0431-81629968
邮　　箱	11915286@qq.com
书　　号	ISBN 978-7-5731-2816-4
定　　价	75.00 元

版权所有　翻印必究

作者简介

卢长兰

女,1979年生,毕业于河北大学英语语言文学专业,研究生学历。现为山东财经大学外国语学院讲师,主要研究方向为应用语言学,商务英语。近年来发表学术文章多篇,参与国家社科项目1项、省部级课题多项,主编高校商务英语专业教材2部,副主编教材3部等。

前 言

随着改革开放不断深入发展,我国成功加入了世贸组织,市场经济体系逐步完善,与国外的交流领域也进一步扩大。在这种形势之下,社会对于既精通商务知识又具备英语能力的高素质外贸商务人才的需求量急剧增加,商务英语专业也因此应运而生。商务英语是一个复合型的新专业,几十年来,从无到有,从小到大,在广大教师同仁们不畏艰难、与时俱进、开拓创新的努力之下获得了长足的发展。目前,商务英语专业建设已步入一个规范化、系统化、专业化、理论化的发展阶段,为我们国家的建设培养了大批的国际商务型复合人才,在国际上获得了良好的市场声誉。商务英语专业已成为继英语专业、翻译专业之后的又一英语类重点专业。然而随着大数据时代的来临,国际商务领域受到前所未有的冲击,因此商务英语专业的教学及人才培养模式也不可能保持一成不变,而应该顺应市场经济的发展,以市场需求为导向,不断推陈出新,与国际接轨,只有这样才能为国家建设培养合格的人才。

本书第一章为绪论;本书第二章为商务英语概述,主要从四个方面进行阐述,分别是商务英语的基本概念、商务英语的语言特征、商务英语的学科建设、商务英语多视角分析;本书第三章为商务英语教学的发展历程、现状及未来展望,主要从三个方面进行阐述,分别是商务英语教学的发展历程、商务英语教学的现状及思考、商务英语教学的未来展望;本书第四章为商务英语教学理论,主要从六个方面进行阐述,分别是ESP教学理论、图示教学理论、建构主义教学理论、语篇分析理论、人本主义教学理论以及ESA教学理论;本书第五章为商务英语教学实践,主要从三个方面进行阐述,分别是商务英语的教学环境及文化、商务英语的教学模式以及商务英语的教学方法;本书第六章为商务英语人才培养,主要从三个方面进行阐述,分别是我国商务英语人才培养现状、商务英语人才培养模式以及商务英语人才培养模式实现途径及创新。

在撰写本书的过程中，作者得到了许多专家学者的帮助和指导，参考了大量的学术文献，在此表示真诚的感谢！本书内容系统全面，论述条理清晰、深入浅出。限于作者水平尚有不足，加之时间仓促，本书难免存在一些疏漏，在此，恳请同行专家和读者朋友批评指正！

卢长兰

2022 年 6 月

目　录

第一章　绪论……………………………………………………………………1

第二章　商务英语概述…………………………………………………………5
　第一节　商务英语的基本概念………………………………………………5
　第二节　商务英语的语言特征………………………………………………8
　第三节　商务英语学科建设…………………………………………………15
　第四节　商务英语的多视角分析……………………………………………23

第三章　商务英语教学的发展历程、现状及未来展望………………………33
　第一节　商务英语教学的发展历程…………………………………………33
　第二节　商务英语教学的现状及思考………………………………………43
　第三节　商务英语教学的未来展望…………………………………………49

第四章　商务英语教学理论……………………………………………………55
　第一节　ESP 教学理论………………………………………………………55
　第二节　图式教学理论………………………………………………………59
　第三节　建构主义教学理论…………………………………………………73
　第四节　语篇分析理论………………………………………………………75
　第五节　人本主义教学理论…………………………………………………79
　第六节　ESA 教学理论………………………………………………………95

第五章　商务英语教学实践……………………………………………103
　　第一节　商务英语的教学环境及文化…………………………103
　　第二节　商务英语的教学模式…………………………………107
　　第三节　商务英语的教学方法…………………………………128

第六章　商务英语人才培养……………………………………………145
　　第一节　我国商务英语人才培养现状…………………………145
　　第二节　商务英语人才培养模式………………………………156
　　第三节　商务英语人才培养模式实现途径及创新……………169

结束语……………………………………………………………………183

参考文献…………………………………………………………………185

第一章 绪 论

近年来，我国的国际商务活动越来越频繁，需要越来越多的商务英语人才。当前，我国商务英语教学的规模也越来越大，但是整体的水平和科研都比较滞后，不能满足一些高层次的商务活动的需求。

当今社会进入了一个迅速发展的时代，随着时代的变化使社会对商务英语人才的需求也更加的多样化，人才的培养模式也要不断更新。相关院校要根据自己的办学实际情况和发展目标，以及人才市场的需求结构来选择真正适合自己的人才培养模式。所以，高校中的商务英语人才培养要不断探寻新的模式，不能困于应试教育的桎梏，要提升学生的综合素养，进行素质教育。

国际商务活动随着全球经济一体化的推进，对英语提出了越来越高的要求，各种行业对人才的要求都向着复合型和国际型方向发展，这种形势会带来巨大的商务英语市场需求，但是对人才培养的教学要求也相应提高。我国的商务英语已经形成了一个比较完整的课程体系，并且也已经成为一门独立的学科，不断为社会输送大量的人才。但是不可否认的是，目前的商务英语教学还存在一定的缺陷，将商务英语的教学发展成符合市场需求的教学，不断培养适应社会的英语人才需要我们不断地探索，经过客观的分析和改革促进其发展。

根据现实发展的概况来看，一些高校对商务英语人才的培养还存在很多问题，比如，课程的设置没有层次性，在教学的过程中很少将语言和商务结合起来，没有成体系的知识网络，教学模式仍为应试教育模式，实用性不强。这一系列问题呈现的效果是学生对知识点和体系知识一知半解，缺乏实践性。对一些理论性知识只能死记硬背，没有注重培养学生的人文素质和洞察力，也没有养成商务英语最重要的交际能力和学习新事物的能力。

商务英语也称商务交际英语，以提高学生从事各种商务活动的英语商务交际能力为培养目标。一般来说，英语商务交际能力包括口头表达能力和书面表达能力。口头表达能力又细分很多内容，比如交往和建立关系、电话交往、产品及业务描述、商务会议发言、图表和数据的表达方式、求职应试能力、讨论商务决策、接待客户以及商务谈判等；书面表达能力的内容包括书写商业信件、备忘录、工作报告和总结、求职信、个人工作简历和合同等商业文件。

商务英语教学内容包括英语基础知识和商务基础知识，学生通过对这些基础知识的学习和掌握，培养出自己的语言交际能力和商务操作能力，在掌握语法、词汇和商务术语等语言方面的技能的基础上不断加强训练，将自己的英语思维能力加以提高。

当今世界是一个经济全球化的时代，科学技术特别是高科技迅猛发展，资本、科学技术、劳动力等生产要素以惊人的速度和空前的规模跨国流动，经济全球化浪潮席卷全世界，任何一个国家都不可能脱离国际市场竞争而独立存在和发展。当今世界竞争的实质是科学技术和人才的竞争，哪个国家拥有世界一流的科技人才，掌握世界先进的科学技术，占领世界科技发展的制高点，哪个国家就掌握了国际竞争的主动权，在国际市场竞争的汪洋大海之中就能劈波斩浪，无往不胜。

科学技术和人才的激烈竞争局势，对国家人才的培养提出了越来越高的要求。英语是获取知识和信息，进行国际交往及国际科技交流与合作、境内外投资、进出口贸易等活动的重要工具，英语的运用能力特别是商务英语的运用能力是当今时代人才综合素质中不可或缺的重要因素之一。高等院校肩负着培养国家建设人才的神圣使命，培养既掌握建设国家的现代科学技术，又具有高水平的英语运用能力的复合型的人才，是高等院校义不容辞的责任。

本书从商务英语概述开始，介绍商务英语的基本概念、商务英语的语言特征、商务英语的学科建设以及商务英语的多视角分析，后论述商务英语教学的发展历程、现状及未来展望，再分别介绍了ESP教学理论、图示教学理论、建构主义教学理论、语篇分析理论、人本主义教学理论以及 ESA 教学理论，并对商务英语的教学环境及文化、商务英语的教学模式以及商务英语的教学方法展开说明，最后阐述我国商务英语人才培养现状、商务英语人才培养模式以及商务英语人才培养模式实现途径及创新，为我国商务英语教学和人才培养的未来发展给出建设性意见。

第二章 商务英语概述

本章为商务英语概述，主要从四个方面进行阐述，分别是商务英语的基本概念、商务英语的语言特征、商务英语的学科建设以及商务英语的多视角分析。

第一节 商务英语的基本概念

一、商务英语的概念

单纯从字面意思上看，可以将商务英语分成语言和业务两个方面来理解，也可以从英语和商务两方面来说。商务的概念十分宽泛，其本质属于一个跨学科的领域，很多方面都可以归到商务中，比如经济、贸易、营销、管理、信息、法律等。从语言的角度来说，商务英语是指那些从事商务行业的人或者需要在商务环境中工作的人所要应用的英语，属于特殊用途英语。商务英语教学的要素主要包括需求分析（needs analysis）、真实语料（authentic material）、真实语境（real context）、信息为主（message focused）、主题引导（topic based）、任务教学（task based teaching）。商务英语的教学就是根据学生的真实需要培养其交际的能力，不论在什么样的真实语境中，学生都有能力进行有效的沟通与交流。

现代英语经过功能的分化，形成了多种专门用途的英语，其中一种就是商务英语，它是商务文化群体中特有的一种应用型英语。商务英语和普通英语的差异性表现在很多方面，在目的和意义方面，在词语用法、句子组成和篇章结构方面都有不同。和商务活动相关的英语就属于商务英语，这里所说的商务活动没有清晰的界限，无论是具体的活动，如经营贸易等，还是宏观的行为，包括经济和金融等。商务英语活动可以发生在国家间的贸易往来，也可以发生在一些小的、普通的买卖交易上。一般商务英语用英语解释为 General Business English，它所涉及的商务活动是一般性的和基础性的，比如询价、定价报关、货单、协议等，有时候它也会包含一些行业的特殊用语，但是这些特殊行业用语不会太过晦涩难懂，一般比较浅显，应用较少。专门的商务英语并没有在商务方面涉及很多领域的知识，所涉范围比较窄，具有行业特征，这种英语会出现更多的特殊用语，金融英语、机电英语、医药英语、化工英语等就是最典型的例子。

近年来，学界对高校商务英语概念进行了不断探讨，不同的观点颇多，至今还存在一些争议。本书通过对有关学者主要观点的回顾与反思，认为商务英语的概念和内涵不断扩大化。在我国高校，商务英语作为一个以 ESP（专门用途英语）的一般商务用途英语为基础发展起来的综合性交叉科学，正在趋于专业规范化和学位授予弹性化等发展势头之中。

二、商务英语的特点

商务英语教学不但具备普通教育学的特点，还具备语言学的特点。同时，商务英语还具备商科理论和知识的特点以及人文理论和知识的特点。

（一）商务英语的普通教育学特点

商务英语是有关商务语言教育一般问题的知识体系，即"语言知识＋商务知识＋技能操作＋人文知识"这样一个体系，是国际贸易专业学生、国际商务专业学生和商务英语专业学生学习专业知识的基础，是这几个专业学生的必修课程之一。它的目的在于帮助学生养成基本的商务理念、商务操作技能和商务环境下的语言使用技能，具有将学术性与实践性有机结合起来，体现基础性、实用性、通俗性与创新性的特点。根据商务英语教育过程的运行逻辑，商务英语教育主要探讨了商务英语教育的实质、功能、历史、目的、教师与学生、教学、课程、班级管理、制度、评价等基本问题。因此，它具备普通教育学的特点。

（二）商务英语的语言学特点

商务英语教学是通过语言进行的教学。语言是基础，商务英语教学是语言的具体应用教学，是应用语言学的表现，因此，它具有语言学的特征。通过语言来学习专业知识，在学习专业知识的同时来巩固提升语言。

（三）商科理论知识的特点

商务英语专业课程主要包括西方经济学、商务道德、商务环境、商务策略、商务沟通、商务礼仪、人力资源、企业管理、市场营销、国际贸易、国际商法、国际金融、物流等，这些课程本身就是用语言来表述商科知识，同时还要应用商科的理论原理，如协同论和耗散论等。很明显，商务英语具有商科理论知识的特点。

（四）人文理论知识的特点

对商务英语的专业要求不仅包括语言、商务知识和能力，还包括人文方面的素质。商务英语专业的学生要具有良好的人文素质，要培养学生的人文意识，通过给学生传输人文知识，扩大他们的人文知识面，将学生的人文才能提高，这样拥有较高人文素养的学生才能在真正的跨文化交际中体现出自己的人文精神，在交际中体现出我国文明、爱国、科学、求真等优秀的精神和风貌。

三、商务英语的作用

在货物进出口贸易的过程中，在交际磋商和签约环节上都需要使用英语。尤其是当双方在拟定书面合同的时候，必须使用规范的商业英语，在格式和一些条款中要严格按照惯例，用语上尽量采用习惯用语，保证行文简洁、措辞严谨准确，不能有语言上的漏洞，这样才能将分歧发生概率降到最低。商品专业术语的使用甚至还会关系到交际中效益的情况，严重的错误还可能造成交易的失败。

商务活动中有一个重要的环节或者说要素就是商务函电。商务函电一般采用邮寄或者电话、电报、电传、网络等手段进行商务对话，可以作为商务行为和合同的证据。当需要销售商品、定价或者信息咨询的时候就要用到商务函电。在信息发达的今天，函电仍然起着十分重要的作用，因为这种方式依靠发达的信息技术更加便捷，有利于提高业务量和效率。当对商务英语进行翻译的时候，第一要求就是要对原文忠实翻译，不能随意发挥，当然也不能对原文的内容随意压缩削减，必须要将原文的内容和风格等一比一还原。在翻译的过程中一定要注意译文语言的规范化。

随着中国加入世界贸易组织，我国对外贸易的数量和规模大幅度提升，再加上近几年经济全球化不断发展，我国的进出口贸易总额也在大规模增长，在这种情况下我国对商务英语的专业人才需求增大，尤其是对可以从事国际贸易的人才需求越来越多。对外国产品的进口也使得我们面临一个问题，就是对大量外国广告的翻译工作，怎样将英语广告中的语言理解透彻准确并将广告的特征发挥出来，实现广告的功能，是进出口商品广告人员和消费者需要考虑的问题。广告英语属于一种应用语言，并且已经从普通英语中独立出来，广告的特殊功能使其成为一种非规范化的专用语言，和普通英语在遣词造句上有很大不同。广告的应用也不是一成不变的，随着时代的变化和科技的不断进步，广告也会随之改变。广告最重要的一点就是能让目标对象记住自己，对自己有很深的印象，同时从中能让观众看到这些商品的优势，得到消费者的喜爱，因此广告在用词和句法上都尽量优美、简练，经过大量的推敲思考，让人记住特征，回味无穷。优秀的广告不仅有良好的商业价值，也一定兼有语言研究价值和欣赏价值。

第二节 商务英语的语言特征

商务英语的基础是普通英语，因此学习的知识包括普通英语的语言、语法、词汇、语篇等，同时也要包含一些诸如金融、经济、贸易、合作等商务方面的知识。另外，商务英语的技能也是多方面的，既包含听、说、读、写、译等语言方面的沟通交际实践技能，又包含各种信息技术方面的技能，比如，网络通信和多媒体等。商务英语根据不同场合的语境分为不同的语域，比如，打电话沟通时使用的英语、谈判时使用的英语、参加商务会议时使用的英语、财务金融方面的英语等。商务英语涉及的知识十分广泛，同时它也是一门交叉性的学科，包括经贸、财会、管理、文化等各种门类的知识，因此明显具有跨学科的属性。但是我们要知道，商务英语最关键的属性和特点就是实用，是为了某种交际的目的来使用的，因此在词汇和句式等各个方面都保留着自己的特点。

一、商务英语的词汇特点

商务英语涉及金融、贸易、管理、物流、法律等多方面的知识，有着极为广泛的涉猎，已经和普通英语区分开来，因此本身具有独立性。商务英语并不能看成一种特殊的语言，它只是在商务活动时需要用到的一些专门的词汇和句式等，使用的词汇就称为商务英语词汇。以这些词汇为基础组成系统的商务英语语言，影响甚至决定语言交际的效果。商务英语是一种专门用途的英语，因此，一些词汇的使用就明显带有专业性。要将专业的知识和英语结合起来使用，是一种综合语言。专门用途英语有一个比较明显的特点，就是有很多的专业术语，商务英语也一样拥有很多专业词汇。很多人认为商务英语就是依靠很多的专业商务词汇组成起来的英语，这是一种错误的认知，商务英语的组成基础还是普通英语，其特点主要表现在以下几点：

（一）词汇形式极为丰富

如果按照表现形式，商务英语可以分为三大类，分别是论说体、广告体和公文体。其中，公文体的主要表现形式有商务信函、通知、法律文书和合同等多种，其特点是比较正式、严谨、规范，因此多采用书面词汇。论说体一般只会用于商品推广中出现的演讲和报告，一般更加注重用词方面的专业性，强调严谨、正式。广告体自然就是用于广告，这一形式的要求没有那么固定、正式，因为要迎合不断变化的大众需求，因此在用词上更加追求口语化和通俗化，尽量简洁生动，带有一定的鼓动性，经常出现一词多义的现象，会出现口语词、外来词、杜撰词等。

（二）专业缩略语的大量运用

随着社会发展，一些旧的贸易和交流方式被淘汰，一些旧的术语被遗弃，如电报专用缩略语。缩略词可以是将一个多音节的词去掉一个或几个音节，然后变成一个由较少单词组成的词语，比如 photo 就是 photograph 的缩略词。缩略词也可以是省略后面几个音节，只保留前面，也可以省略前面的音节，保留后面。这种方法是最常见的，比如 intro 和 chute 分别是 introduction 和 Parachute 的缩略词。除此之外还有一些其他的保留中间音节的缩略词，比如 flu 是 influenza 的缩略。由于经济效益原因，以及商业化的快节奏要求，从业人员大量使用商务缩略词，以求快速完成交流的环节，有更多的时间对市场做出反应。商务缩略词运用在运输、保险、支付与结算等各个商务环节中。

（三）词汇趋于简化

在现今这个快速发展的时代，所有的国际商务活动都非常讲究效率，使用简单的词汇有利于商务贸易伙伴间的交流，而复杂的词不容易理解，会造成误解，引起不必要的沟通障碍。在商务信函或其他函电的写作上更是如此，简单的词汇可以充分表达的意思绝不能用复杂的词，以免造成句子的拖沓、冗长，意思有歧义等现象。因此，在商务英语中，修饰语使用较少，甚至达到了惜字如金的程度。

（四）新词汇层出不穷

随着社会工商业发展不断地进步，新科技、新工艺、新产品和新概念不断涌现，这些必然会反映在词汇上，因为词是构成语言的最基本的独立运用单位，所以随之而来的就是商务术语的大量增加。如 cyber 这个词，由此词衍生出许多与网络相关的新词。如 CyberArticle，CyberLink，CyberBelue 等。再如电子商务词汇 online publishing（网上出版），cyber marketing（网络化营销），value addedservice（增值服务）等都是这种方法造出的合成词。一词多义现象也无形中增加了新词，如在进出口贸易中 discount 表示"折扣"，在金融行业则是表示"贴现、贴现率"。

二、商务英语的句式特点

商务英语的文体为实用性文体，这种文体的句法特点十分简洁、严密。商务英语用于商务活动，因此这种文体语言对表达的效果最为看重，要求表达体现出准确性、时效性和逻辑性。这些特点和要求使得商务英语的句子结构更加复杂，有着十分规范的句式，采用正式的文体，这些特点在招标文件和投标文件以及合同中有着典型的体现。商务英语的表达更加强调精确，多为长句式，但是有固定的搭配，简洁明了，很少用一些华丽的辞藻，语法项目也不多。

（一）句式简洁，表达准确

商务英语由于比较多使用简单的句式、排比句和一些短的复合句，所以句式十分简洁。例如，"We are delighted to receive your letter of November 18 asking whether we can supply you with Art No 6120."（很高兴收到你方11月18日来函询问我方可否供应6120货号商品）此外，简洁也体现在缩略字母的使用上。当然，这种缩略必须为双方所认可。如，such as AC（account），ENCL（enclosure），FYI（for your information）and L.R.O.（in respect of）. 商业信息的传播就要求句式要简洁一些才更加方便，简洁的句式也可以避免一些误解。外贸函电对不同意见的表述会有不同的固定习惯用语，这是因为国际商务交流历史悠久，已经发展出了一些十分简洁明了的固定句型和套语，并且使用的范围很广，商业界活动已经广泛接受，外贸工作者只需要在工作的时候注意留心积累就能够为商务英语信函的撰写打好坚实的基础。

（二）被动句式和定语后置较常见

汉语的使用中较少出现被动句式，但是在商务英语中则会经常见到被动句，这是因为商务英语中多为叙述过程，存在推理的环节，因此十分强调客观和准确性。另外，在一些信函中使用的第一人称和第二人称过多会让人感觉有一种主观臆断的问题，因此，在商务信函或者一些书面交流中会多使用第三人称，出现被动语态。第三人称的被动语态更加强调"做什么"和"怎么做"，不会将问题的重心放在"谁做"上。被动语态在结构上更加紧密，并且语义表达准确、严密，具有很强的逻辑性，不需要说出施为者就可以将商务信息突出，降低了主观色彩，提高了可信度。因此常常在严肃性和庄重性的文体上使用被动语态。

（三）经常使用长句、复合句

越简洁的句子越便于理解，同时简洁的句子很少会出现歧义，不容易让人误解意思，提高了沟通的准确率和效率。但是商务英语在上面提到过了，更加讲究精确性和逻辑性，行文十分严格，这些特点又决定了商务英语中的长难句会比较多。在商务贸易中，签订的合同具有法律属性，因此为了突出法律的效果会增加句子的严密性，多使用长句和复合句等。很多长句子在商务英语中会有十分复杂的结构，出现短语和从句也比较多，句子只会更加冗长。

三、商务英语的语篇特点

商务英语的语篇结构要求有十分合理的逻辑，语义也要连贯起来，所以会经常用到先综合后分析的模式。这种思维模式使得商务英语的语篇带有共性，也使得整个语篇呈现出内容完整、专业性强和语言简洁严密等特点，同时商务英语的语篇具有清晰的层次，在表述上更加委婉。接下来，从商务英语的文章标题特点和喻体特点等方面进行语篇的特征阐述。

（一）标题简洁醒目，多用缩略语

商务英语的文章标题一般来说都十分简洁、醒目，能够用简单的词汇和短语将文章的内容清晰表达出来。同时，这类标题也很形象生动，读者能够通过标题而对文章产生兴趣。比如 Long Live the Revolution（革命万岁）。在题目使用上，会经常采用一些缩略语的形式，比如动词、形容词、介词短语等，带来十分简洁的效果。例如：Victory at a Price（付出代价的胜利）。商务英语的标题句型可以分为多种，包括陈述标题、疑问标题和引述标题等。在标题中也可以出现各种标点符号，比如逗号、冒号、破折号、问号等，这是为了强调重点，但是需要注意的是一般情况下很少使用句号。

（二）语体规范正式

在国际商务活动中的沟通交流往往十分强调交际双方的平等互利原则，双方要保持良好的合作关系，词语的使用上要确保能在国际上通用，同时词语使用的衡量把握又比较复杂，因为是正式场合，不能过于口语化，但是也不能太过正式，词语的语体一般是介于正式体（formal）和商量体（consultative）之间的。我们平时说话也就是口语使用的介词和副词就不太适用于商务英语了，比如"because, about, if"等，还有一些比较正式的动词短语，比如"go, on"等就会被"continue, supplement"之类的词语所代替。

在商务活动中，场合不同也会跟随变化语体。比如，在商务信函中，一般使用的是正式的书面语言，但是随着时代的发展，商务信函中的语言越来越倾向于使用口语，因为口语更加简洁、生动，会使使用的语言效果体现出亲切感，更加自然，所以我们现在撰写商务信函的时候会用短小的词语代替正式的词语。但是，针对商务合同，还是要使用偏正式和规范的词语，因为合同更加需要规范性和约束力。另外，商务合同是一种法律性的公文，因此合同中经常会出现法律术语和一些法律性特点的词语。

（三）行文结构要遵循一定的固有模式

商务英语的语篇一般都有固定的模式，这也是由其语境决定的。比如，在商务英语的信函中，一篇信函只会讲述一个主题、一件事情，因此会有一条主线，要格外突出事由的主旨内容，这样会使整篇信函有条理，易于理解。商务英语行文结构模式一般有四种，具体如下：

1. 问题解决型语篇结构模式

所谓的问题解决型语篇结构模式，就是作者通常首先设计或提出问题，其问题一定是一个与某种情形相关的问题，之后再描述和评估这一问题导致的后果，最后提供解决办法或方案。这种语篇结构模式常常用于广告产品说明、调查报告和商务信函等商务语篇中。当然，其中的情景和评估是可选项，有可能出现也有可能不出现，但是问题和解决方法是必选项。

2. 解析型语篇结构模式

所谓的解析型语篇结构模式，就是先把一个整体的问题分成几个组成部分，再逐个进行仔细审查的方法。通常采用典型的解析型语篇结构的商务语篇主要有购销合同语篇和求职信函中的个人简历等。购销合同一般分为商品规格、数量、价格、包装、付款条件、保险以及装运等多项条款和其他附加条款；而个人简历通常包括所求的职位、个人的基本信息、教育背景工作经验、奖励和爱好等部分。

3. 比较—对比型语篇结构模式

比较就是找出两者之间的相似性，而对比就是找出两者之间的差异性。为了更加清楚明了地说明各种商品、服务以及公司之间的异同之处,所以在商贸信函以及调查报告的组织和开展中常常用比较—对比的结构模式。例如:有关于分散经营和集中经营有利的和不利的方面进行对比的报告,就是使用这种篇章结构模式。

4.等级型语篇结构模式

这种模式是指把语篇的各组成部分,按照其重要性递增或递减的顺序加以排列和展开。例如,某些预算报告和调研报告等常用这种结构。

四、商务英语的修辞特点

(一)委婉

在商务沟通中,使用比较委婉的语言才能使合作双方更加和谐地进行交流沟通,也会在语言上更加灵活。因为交流的双方都有各自的立场和利益,在认知和情感上有一定的差异性。一些语言虽然说法正确,但是直言不讳的语言方式却往往让对方在情感上难以接受,也就会影响沟通的效果。这时候,可以将直接的语言替换成委婉模糊的表达,这样既能让对方理解其原意,又能在情感上接受。模糊话语有一个十分明显的特点,就是让话语虽然在外延上十分宽泛,但是内涵却比较小,这也表示其包容性很强。模糊话语有很大的弹性空间,听话者可以对话语想象,也可以补充内容。

商务英语在委婉地表达一些内容的时候往往会遵循礼貌的原则,用礼貌的表达让双方的关系更加和谐。

(二)夸张

商务英语的语言沟通中经常会使用的一种修辞手法就是夸张,但是语言的夸张不能毫无根据,是在内在层次上能够揭示事物的本质。夸张的手法运用得好,会将事物的特征扩大,同时又将表达的效果增强。人们通过夸张的手法感受到语言的感染力,加深对事物和观念的印象。这里有个例子可以说明:They murdered us at the negotiating session.(谈判的时候他们就把我们枪毙了)此处运用夸张的手法表达,实际上是把方案否决了。夸张的手法如果运用得当会在表达出原本含义的情况下突出观点,所以可以看出好的夸张手法能起到画龙点睛的作用。在商务广告中多采用夸张的手法,准确简洁,还可以一语双关。

(三)头韵和尾韵

商业广告和商标一般会比较常用语音修辞手段来达到修辞的效果,正确恰当使用语音修辞可以让语言更加和谐,带有节奏感和韵律,并且可以让语义更加突出。例如,Sea, sun, sand, seclusion, and Spain. You can have all this when you visit the new Hotel Caliente. 这是一则旅游宣传语,语音修辞手段使用得非常成功。良好的语音修辞手段能够通过新颖的构思和诙谐的风格让读者更加感兴趣,并且产生美好的联想。A Mars a day keeps you work, rest and play. 这里,"day" 和 "play" 构成尾韵,读起来朗朗上口,富有韵味。

(四)排比

英语的排比句和汉语的排比句用法相似,就是将一个结构相同或者意义相关,或者语气上一致的词组与句子并列使用形成的效果。parallelism 作为一种修辞格式,虽然在列举的事物上没有直接说明前后的内在联系,也没有什么相似性或者相反性,但是列举的词组在结构上十分整齐、匀称,读者能够通过这种语言排列感受到几种事物之间的共同点或者不同点。恰当使用排比结构的商务英语在语言上节奏鲜明,语言表现力强,并且言简意赅。

以上这些商务英语的修辞手段都有自己的特点和作用。同时我们可以知道商务英语的使用十分复杂和专业,涉及文化背景、交际技巧、商务知识和语言特征等。正确恰当使用英语商务的语言就一定要学会掌握各种修辞技巧,这样才能提高谈判和交际的水平和效果,促进国际商务活动的成功。

第三节 商务英语学科建设

商务英语成为一门学科,起始于 20 世纪 60 年代后期,它的发展伴随着 ESP 理论的发展,至今已有 50 多年历史。西方国家商学院或大学商科专业普遍开设商务英语课程。在我国,商务英语起步虽然较晚,但近几年来发展迅猛。

一、商务英语学科的界定

自商务英语产生开始,关于商务英语的学科界定及所属范畴的论述就多种多样,归纳起来大致可以分为三种,即商务英语归属语言学范畴,商务英语归属专门用途英语的一个分支,商务英语归属交叉学科范畴。

(一)商务英语归属语言学范畴

持这种观点的学者认为,商务英语和普通英语在理论上没有任何区别,都属于语言学的范畴,它并非一种有别于其他语言的特殊语言形式。

(1)商务英语不是对基础英语的一种创造和发挥,也不是一种特殊的语言,而是对英语语言的一种独到的态度和看法。

(2)商务英语并不是一种独立的专门语言。英语中增加了一些跟商务和交际等相关的专业术语构成了商务英语。虽然商务英语和文学英语使用的词汇是一样的,但是在词义和用法上却是不同的。

(3)从事商务活动行业和岗位的人在工作中使用的就是商务英语。参与商务活动的人为了达成自己的商业目的,对英语的词汇、语法等各种要素资源采用不同的语言策略进行交际活动,当然这些交际活动会受到行业惯例和程序的约束,受到社会文化的影响,不论是书面的形式还是口头的形式都属于商务英语交际活动。

(4)商务英语并不是特殊的英语,只是普通英语在商务的环境中使用的一种特殊形式,并没有特殊的语法规则。

(二)商务英语属于专门用途英语(ESP)的一个分支

这个观点和"商务英语属于语言学范畴"基本上相同,专门用途英语是一种应用语言学,有很多的专家学者都支持这一观点,比如:

(1)商务英语属于专门用途英语的一个分支,这就决定了商务英语需要从专门用途英语的总体范畴来研究,因为这两者的特征是相同的,比如,需求分析等。

(2)商务英语可以看成英语语言学、应用英语语言学、专门用途英语门下的一个四级学科。

（3）我国的商务英语专业属于 English for General Business Purpose，也就是 EGBP 的英语行列，专业性不强，只是在语言技能上加上一些商务背景。

（4）商务英语可在专门用途英语的范畴下分为两种：一种是一般商务用途英语，另一种是专门商务用途英语。一般商务用途英语针对的对象是缺乏工作经验的学习者，在内容上就是商务作为背景，在语言技能上，也就是在普通英语上加上商务知识，学生学习一般商务用途英语就是为了能够在商务环境中使用英语。专门商务用途英语的对象是专门针对那些商业领域的专业人士，为他们开设培训课程，但是这种英语在我国的教育领域并不普及，高校中大部分课程还是属于一般商务用途英语。

（三）商务英语归属交叉学科范畴

有一种观点认为，商务英语是一门语言学和商务管理学相融合的综合性交叉学科。有很多专家学者都支持这一观点，具体如下：

（1）广东外语外贸大学国际商务英语学院张新红、李明撰文认为，商务英语是商务知识和英语语言的综合，是英语的一种功能性变体。

（2）湖南大学外国语学院莫再树、张小勇等撰文认为，商务英语的基础为语言学和应用语言学，这种学科十分注重对其他学科的理论和实践的吸收，是一种综合性交叉学科。

（3）还有学者认为，专门用途英语包括商务英语，商务英语属于一种跨学科的概念，所涉及的学科包括国际贸易、金融、国际商法、跨文化交际等。

根据以上多种学界观点，我们可以总结出商务英语是英语语言和商务知识的结合体的结论。其中，英语语言表达的内容和中心就是商务知识，同时商务活动的工具和载体就是英语语言，这两种要素是相互影响的，最终形成了综合的交叉科学——商务英语。在我国的教育领域，往往会将商务英语的基础选择成一般商务用途英语，因为这比较符合我国的现实情况。商务英语作为一门独立的学科，在研究商务英语的过程中也需要将语言学、文化学、管理学和经济学等多种学科综合研究，对国际商务活动中的语言和文化现象进行探讨，寻找语言使用的特点和其中蕴含的文化因素。

二、商务英语学科的基础和现状

商务英语的学科交叉性质决定了跳出英语学科的既有模式，为其跨学科发展提供制度与组织支持，是学科建设的关键；多方面协调构建以及强化商务英语学科身份，并在学科发展战略上做出正确选择是其学科建设的重要内容。商务英语（Business English 或 English for Business）是以英语为语言媒介、以商务知识为核心的一种 ESP。它是人们从事国际商务活动时经常使用的英语，是以国际商务为语言背景的应用型英语学科。

（一）学科基础

关于商务英语的学科基础，毕晶在《从 ESP 理论研究看我校商务英语学科建设》一文中提出：商务英语学科的出现顺应了国际以及我国经济发展的大环境。在全球化的经济浪潮中，企业跨国经营，资本和管理人才跨国流动，各国经济逐渐连接成一个互相往来、互相促进的整体，国际统一的标准和操作规则日益为各国所接受。因此，社会不仅需要专业性很强的技术型人才，也需要大量通晓国际、国内商务活动的应用型英语人才。商务英语学科正是为了培养此类应用型英语人才而设。

（二）学科现状

随着社会的发展与进步，社会对"英语＋专门技术"的人才需求日益增加。经济全球化要求英语教学要全方位地适应新时代，培养出高素质的、既精通英语又对专门技术有一定程度系统化把握的复合型高级英语人才。

从 20 世纪 80 年代中期开始，我国先后有 300 多所高校开设了商务英语课程，并有不少高校设立了商务英语专业。1995 年，我国的硕士研究生专业目录中，已把商务英语方向列入"语言学与应用语言学"或"国际贸易学"学科之中，这表明商务英语已作为一门新兴的交叉性学科进入了研究生层次的语言研究。北京对外经济贸易大学、东北财经大学、北京外国语大学、上海外国语大学、广东外语外贸大学等许多高校都设有经贸学院或商学院，并在语言学或经济贸易学硕士研究生课程中设有商务英语研究方向。专科类以及高职类院校也大多开办有商务英语专业。事实上，商务英语专业在我国已开办多年，而且是一个应用性很强的热门专业。但是，由于外语界受传统语言学观念的影响，对ESP的理论研究不重视，甚至存有偏见，因而对商务英语的学科定位仍存在很大争议，其课程体系和教学模式仍有待完善，这也正是我们需要下功夫去研究和实践的领域。

三、商务英语学科的特色和理念

商务英语的教学在国内高校不断发展完善，商务英语的学科建设得到了很多专家教授的支持，学科特色逐渐显现出来，也有了越来越成熟的教育理念。

（一）学科特色

商务英语因为其语言基础是普通英语，具有基本的语法、词汇和常用词汇，同时又是国际商务活动的专门用途英语，因此又有其独特性。这种独特性体现在以下三个方面：

1. 与普通英语的教学目标不同

普通英语的教学目标是为了让学生精通英语语言，培养学生的听、说、读、写、译五项基本功，在本科阶段能够掌握教材要求的8000个以上的词汇量，并且达到熟练的程度。为了提高自己的英语水平，普通英语专业的学生可以阅读和浏览外文的新闻、书刊和杂志等，多收听外文的广播锻炼自己的听力，积累词汇量和相关知识。商务英语教学活动的出发点就是商务活动，教学内容更加倾向于实用性，注重培养学生的英汉双语交流的表达能力和公关沟通能力以及实际操作能力。学生面对各种场景的商务活动要随机应变，利用自己积累的商务业务语言和丰富的商务理论知识与实践经验达到和外商与相关商务活动人员顺畅沟通的目的，最终达成一定的商务目标。在商务英语的课程教学中，对学生的词汇量要求没普通英语专业的学生多，但还是要通过专业英语四级和专业英语八级的考试。

2. 突出强调商务背景材料和跨文化背景的学习

作为商务活动的交际工具，商务英语在交流的过程中一般会处在不同的政治、经济和文化的背景下，但是，商务活动的中心都是商业利润，语言也是以此为核心，传统的语言内涵和文学范畴已经不能完全概括商务英语的语义了。在商务活动中经常出现中外文化差异的碰撞，这种现象很容易出现在外商的进出口意向、产品质量及包装、各种单证的制定标准、对合同条款的解释和理解等，由于这些文化的差异导致谈判的僵局，有时候甚至导致谈判破裂，为了培养具有高素养的商务英语复合型人才，高校的商务英语教学要针对英语国家的文化背景知识、人文知识和国际商法等各种商务活动有关的内容开设课程，对西方的社会文化、思维习惯加强了解，提高自己的个人形象，让谈判更加顺利，这也是一位合格的国家商品和服务进出口、贸易往来工作者应该具备的素养。

3.商务英语专业的词汇和习惯用语不断更新变化，与时代发展同步

商务英语在经济全球化和科技迅速发展的背景下要不断更新术语，吸收外来的词汇，丰富词库，让国际商务活动的用语层次不断提升。一般英语专业的学生毕业后参加工作使用的词汇和语法知识都是在学校时期学到的，知识比较固定，商务英语专业毕业的学生不仅要学习课本上的知识，还需要不断丰富自己的词汇量，善于发现和快速记忆，这样才能将自己的词汇量提升。例如：online marketing（网上营销）、homepage（网上用户主页）、E-business（电子商务）、debit note（索款通知）、the Uniform Customs&Practice for Documentary Credits（跟单信用证统一惯例）、Dow Jones Average（道琼斯平均指数）、subsidiary（附属公司）、negotiable instrument（可流通的/可转让的票据）、the 3R of CE（循环经济的 3R 原则）。这些词语都是近些年来商务活动常用的新词汇和短语，涉外商务人员必须掌握。经过多年的实践经验，涉外商务的交流和公关如果想要顺利开展，工作人员就必须拥有足够的词汇量，除了语言基本功要扎实，常用的 5000 个词汇量要掌握外，对新的商务词汇要十分敏感，随时学习，随时积累。

（二）学科理念

商务英语的学科理念是培养学生能够掌握观察和认识世界的新的方法和习惯，在参与对外贸易和相关的商务活动时，要保持正确和规范的目标语言，促进我国和其他国家的商务联系，完成对外进出口业务，商务英语的最终目的就是为了促进我国的国民生产总值的增长。提升我国涉外商务和外贸人才的质量就要采

用正确的学科理念，这会影响到我们的商务活动的结果。

改革开放初期，我国和外界的联系还不紧密，因此进出口的货物品种比较单一，也没有对相关的从业人员有很高的业务水平和专业技能上的要求，这就使相应的高校商务英语专业的模式不健全，没有一个系统性的课程。教学也就只有经贸英语、外贸函电、商务英语写作、进出口业务实例等几门专业课程。

在这个阶段，高校毕业的商务英语专业毕业生没有足够的专业知识，在理论和专业技能上也缺乏系统性。这些人才虽然有一些理论上的知识，但是缺乏实际的商务工作能力，如海关报关员之类的具体工作可以胜任，但是还不能达到高层次的商务运作水平。

四、商务英语学科建设措施

（一）商务英语教材建设措施

1. 以教材大纲为依据

商务英语的教材编写工作是以商务英语的教学大纲为指导的，同时兼顾教材使用者的感受和需求。学术研究机构以及教学行政部门应该对各个方面进行充分而全面的调查，比如，教师、在校生、毕业生、用人单位等对教材的编写要求、需求、体例、理念等，在此基础上融合大纲，使大纲的任务、目标、要求可以在教材中的各个方面体现出来，只有这样才能使教材编写工作具有针对性、目的性。

2. 完善教材评估机制

教材的编写工作是一项复杂的系统性工程，在编写教材的时候，需要将该领域的语言知识、学科知识、教学方法等放到一个具有系统性、规范性、完整性的分析与评估的框架之内。教材的编写工作需要以语言知识为基础，以学科体系为纽带来规范教材的编写工作。与此同时，还需要建立和完善商务英语的教材评价方法、评价原则、评价标准、评价体系，只有这样才能建立起一套客观的、科学的、具有可实际操作性的评价体系。

3. 创新研究体现时代特色

在教材中可以体现出课程理念，也就是说，课程理念影响着教材的选择，因此，对于新型商务英语的教材选择需要遵循创新教育和新型的人才培养理念，所选择的教材应该可以处理好综合知识和专业知识之间的关系，可以处理好知识的创新性和知识的实践性的关系，同时，还能研究商务英语这个学科体系中的外部需求以及内部的特征。通过对当前现有的商务英语教材进行研究、探究教材的使用效果，在此基础上，吸收国内外的优秀成果，对教材的内容和理念进行改革和创新，使教材具有创新性、理论性、实践性，助力人才培养。

（二）商务英语师资建设措施

1. 构建培训模式

当前，商务英语的教师队伍面临着学术层次不高、后续学习任务不连贯等艰巨的问题。为了提高商务英语教师队伍能力，可以不断拓展培养模式，建立起一套系统化、灵活化、多样化的教师培训体系。首先需要解决的就是在经费上为教师培训给予充足的保障。当前，一些国内高校开设了经贸管理学院和商学院，在这些学院下开设了培训课程，比如，市场营销、工商管理、金融类、经济类课程，这些课程开设的时间短的是半年，长的是一年到两年。学校应该为商务英语教师再学习、再深造提供充足的经费，教师可以使用带薪学术假的方式去进修学习，或者使用业余时间去学习，当然学校也要鼓励在职的英语教师去学习商务英语专业的硕士课程、进修或者去国外深造。

2. 建立激励机制

商务英语学科建设的基本要求是不仅在数量上保证有足够多的商务英语专业教师，而且在质量上也要保证有足够的合格的教师。就目前的形势来说，很多国内学科建设的理念与社会的发展需求已经不适应了。当前，英语专业的发展还主要着重于建设语言文学类的学科模式，忽视了商务英语的建设。因此，需要转变当前对商务英语不够重视的观念，对于在职外语教师，应通过有效的激励机制让教师不断进修，拓宽教师的专业领域和教师进修的渠道，为了鼓励教师进行进修，可以从教师的业绩考核入手，帮助英语教师向商务英语教师转型，培养复合型教师。

3. 引进高级人才

为了培养商务英语的师资力量，学校可以引进一些复合型的创新人才，兼具商务学科背景和英语语言运用能力的人才，在人才引进之后可以对这些教师进行二语习得、教育心理、商务英语教学、外语教学理论等培训课程，不断更新和改善商务英语的师资结构。

第四节　商务英语的多视角分析

一、专门用途英语认识视角的分析

在专门用途英语的理论框架下提出了商务英语，商务英语是专门用途英语的分支。English for Specific Purposes 即专门用途英语，主要指的是与特定的学科、职业、目的有关的英语。专门用途英语起源于 20 世纪 60 年代，是在经济全球化的背景下，教育学理论、当代语言学、英语教学实践三者相互融合、相互结合的成果。专门用途英语主要有以下特征：首先，学习者因为职业的特殊性，因此具有很强的、明确的学习目的，换句话说，学习者要通过学习来获得在某个行业、某个学科中对英语的使用能力；其次，专门用途的英语与传统的通用英语有所不同，强调学习内容的专门化，也就是说，专门用途英语课程可以促使学习者在某一领域或者在相应的职业中实现自身英语技能的专门化和学习英语知识一门应用型课程。专门用途英语课程有着自身独特的特点，如在语法、题材、词汇、结构等方面，同时也与其他学科具有紧密的联系。

（一）商务英语作为专门用途英语的特点与教学理论

1.ESP 的特点

ESP(English for Specific Purposes 专门用途英语，以下简称 ESP）的概念是在 1964 年由 Halliday（韩礼德）提出的，即"内容和目标由特定学习者群体的特殊需要而定的语言课程或教学计划"。ESP 是一种与特定的学科、目的、职业相关的英语语言的变体。在 ESP 的教学中，一方面需要进行英语语言技能的训练，另一方面还需要进行专业的知识教学，ESP 是专业知识与语言技能训练的融合，有着自身独特的句法、词汇以及结构。在我国的市场人才需求中，亟须一批具有专业的、扎实的英语基本功，又可以熟练地对所需的行业英语进行掌握的，了解行业知识的复合型、创新型人才。

2. 专门用途英语教学研究经历的五个发展阶段

每一个发展阶段的专门用途英语教学都与语言学理论和语言习得理论的发展密切相关。专门用途英语教学研究的第一个阶段在20世纪60年代末，由于受到结构主义和行为主义的影响，在这一时期的专门用途英语教学主要是使用两种方法——语域分析和句型练习。在行为主义的理论认知中，语言的学习过程由四个步骤组成：一是刺激，二是反应，三是模仿，四是加强练习。该理论的依据是生物学家巴甫洛夫的条件反射理论。根据这种理论，在教学过程中，学生要想习得语言，教师应该为学生提供大量的句型练习，学生在不断的机械模仿中对所要学习的知识和内容进行掌握。此外，在这一时期，通过对专门用途英语教学的研究中，很多的语言学家对比分析很多不同专业的英语材料，试图从中可以找寻、归纳、总结出专门用途英语的一般性的教学规则，但是，这些学者发现在阐述问题时，不同专业的英语所使用的语言风格有所差异。

专门用途英语教学研究的第二个阶段是受到语言能力理论影响的一个阶段。根据语言能力理论（乔姆斯基提出），英国的语言学家威多森（Henry Widdowson）提出了文本和修辞分析法。乔姆斯基在20世纪50年代末对行为主义进行了批判，提出了转换生成语法理论。语言能力是一种潜在的能力，这与语言行为是不同的。乔姆斯基所提到的语言能力概念是指，在人的大脑中有一个本身存在的语言学习系统，可以对语言进行理解，因为这样的语言能力，人们可以对句子进行理解，对语法进行纠正，即使是含糊不清的语言也能理解。在乔姆斯基的观点中，语言行为并非最终的目标，认识母语的语言能力才是语言研究的终极目标。这一理论的提出影响着语言界和教育界的发展，教师通过各种训练，帮助学生获得语言能力，以此来帮助学生提高语言交际的能力和水平。

专门用途英语教学研究的第三个阶段受到了功能语法和社会语言学理论这两种理论的影响。专门用途英语教学使用情景分析法进行教学，情景分析法建立在社会语言学和功能语法的基础上，在接下来很长的一段时间里，专门用途英语的主要研究方法是情景分析法。在社会语言学家的观点中，语言只是用来进行社会交往和交流的工具；功能语言学家认为学生在整个学习过程中有很多因素会影响学生，这些因素组成了语言交际，在相互联系、相互依赖中构成了一个有机的整体。语言教学在这样的语言教学理论影响之下，再一次明确了学生交际能力的重要性，认为学生不仅要学会语法和词汇，还应该随机应变，应对不同的情况。为了实现这一目标，就需要学生具备交际能力，唯一的方法就是让学生在不同的情景中对不同的表达方法进行学习。

专门用途英语教学研究的第四阶段是受到认知主义理论影响的阶段。在这一阶段，学习策略和语言技巧是语言学家综合使用的两种方法。语言教学的重点发生了转变，不再是语言的表层结构。语言学家关注点侧重于人在使用语言时的思维活动，将人视作具有认知能力的动物进行研究。

专门用途英语教学研究的第五阶段受到需求分析理论的影响。在这一个阶段，语言学家对语言的研究主要依据需求分析理论。作为一门专门用途英语，商务英语应该根据需求进行分析后选择相应的教学方法和教材。在这一阶段，语言学家将学习看作课堂活动的重心，在整个的教学过程中，教师应该及时考虑到学习者的需求，根据实际的情况进行教学活动。

（二）商务英语作为专门用途英语存在的依据

1. 商务英语是英语教学发展的产物

商务英语具有普通英语的特点，是在普通英语的基础上发展起来的，同时商务英语还是在特定环境下使用的英语。商务英语是国际商务活动交流中主要使用的语言，有很多普通英语所具有的特点。鉴于此，商务英语教学也与需求分析理论、建构主义理论、信息论和系统论等普通英语教学的理论相适应。英语教学活动是一种社会性的活动，英语教学会伴随着社会的发展不断更新和改进教学的内容和教学方法。当今，世界经济全球化的趋势不断加快，全球正在步入知识经济时代，这就对我国的高等教育的教学模式有了更高的要求。商务英语人才将英语作为交流的工具和工作的手段，面对社会对于人才的多样化需求，商务英语的人才应该追求更高水平的、更高质量的、全方位的发展，将服务社会和服务经济的发展作为人才培养的目的。语言学理论的不断发展产生了商务英语，人们对语言进行研究的时候，最初的侧重点在于语言本身。随着时代的发展，历时语言学诞生，共时语言学由语言学家索绪尔在20世纪初提出，之后社会语言学也诞生了。社会语言学的出现成为商务英语作为专门用途英语产生和发展的理论基础。由此可以看出，商务英语是历史发展的产物。

2. 商务英语存在的理论依据

由索绪尔的语言观可以看出，语言和言语不是一个概念，其中，语言是言语能力的社会产物，是一定的被社会群体所接受的惯例总和，言语活动是每个人都可以进行的活动；言语指的是语言技能，每个人都有不同的语言技巧和语言技能。在索绪尔的语言观中还提到，对语言的研究就是对语言的功能性和交际性进行研究。语言的功能主要指的是不同类别和类型的言语行为。功能学派的语言学家认为语言的社会效能就是语言的功能。语言具有以下几个功能：一是交际，二是描述，三是表达内心。基于此，专门用途英语可以说是语言的一种功能变体，是一种给特定的社会文化群体使用的言语范畴。在语言学中，一定的社会文化群体中有一种特殊的语言，叫作语域。语域发生变异，在Halliday看来，是因为语言所使用的场合出现了变化因此产生。在专门语言中都会有专门的用法和词汇，语言学的发展以及学者对语体、词汇、语域等深入研究，不断完善了商务英语存在的理论。

3. 商务英语存在的教学依据

中国加入WTO标志着中国经济开始与世界经济全面接轨，全面参与国际交流和竞争。国际商务空间的活动范围越来越广，涉及贸易、招商、融资、商务会议、展销等活动。同时与这些经济活动相伴随的是不同文化之间的交流与碰撞，这不仅促进了不同国家人民之间的相互了解，也促进了经济、贸易等各方面的合作。

随着世界各国之间不断深入的交流与合作，人们对于专门用途语言学习的欲望和需求越来越高。国家教委在1994年制定了面向21世纪高等院校的教学内容和课程体系的改革计划。在计划中对21世纪的中国的外语专业人才根据当前的形势和发展提出了以下要求：具备扎实的基础知识、广阔的知识面，具有专业的知识和体系，具有较强的创新能力和较高的素质，培养面向21世纪的复合型、创新型人才。课堂体系改革可以遵循以下模式："外语专业方向""外语+专业知识""专业+外语""外语+专业"等。

(三)商务英语作为专门用途英语的教学模式

探索专门用途商务英语教学模式,需要基于系统功能语法对语言层次的解释,同时依据社会语言观以及系统功能语言学。

1. 系统功能语法的语言观

就形式来说,系统功能语法中涉及的语言是通过语境中语篇的形式出现的。语篇是一种交际活动,是在使用中的语言单位,因此,与交际的环境应该保持一致性。语境主要指两个方面:一是普通的文化语境,可以被认为是特定文化中所表达的意义的汇总或总和,这个文化语境是社会结构的必然产物,指的是整个的语言系统环境(胡壮麟等,1987),语言的选择受到文化语境的影响是最为微妙和广泛的;二是具体的情景语境,也就是语篇的直接语境,是所有促成语篇构成的相关特征的抽象化。

2. 语境中的语篇和语言

学生外语学习的主要目的是对各种情景语境进行利用,对社会文化语境中的语言潜势进行运用,对各种语篇进行理解,并且进行创造。研究和探索专门用途英语教学模式应该从紧密相连的两方面入手:一是语境中的语篇(text in context),二是语言(language)。相对来说,语境中的语篇是较为广泛的线索,语言是更加具体的线索。不管是广泛的线索还是具体的线索都需要建立在情景语境和社会文化语境这两个层次上。影响语篇和语言的各种行为、信念、价值观念是由社会文化语境反映出来的,通过各种体裁表现出来。情景语境包含在广泛的社会文化语境中,具体有语场(field)、语旨(tenor)、语式(mode)三个变量。

语言学习的过程是一个不断发展的动态过程,不仅需要课堂培训,还应积极为学生创造有利的语言环境,将理论与实践相结合,加大课外学习的任务安排,对专门用途英语专业学生的综合能力进行提高。

3. 商务英语作为专门用途英语的教学模式应该遵循的理念

(1)确立"以人为本"的教育观

所谓的"以人为本"主要指的是以学生成长成才为本,对学生的积极性、主动性、创造性给予重视和关注，让学生的主体意识觉醒，养成独立的人格。通过尊重受教育者的主体性来助力学生个性发展，帮助学生提高自我认识、自我教育、自我训练、自我提高的水平和能力。在整个教学工作中将培养学生应用技术的能力和培养学生可持续发展的能力当作整个教育教学工作的基点。因此，在教育教学中应该遵循以下原则：一是将教育学生与服务学生并重，二是注重培养学生的专业能力和养成职业素养，三是实践性教学与专业理论教学并重，四是因材施教与教育教学的规范化管理并重。

（2）确立"能力本位"的人才观

"能力本位"是当前我国高等院校所提倡的理念，所谓的"能力本位"就是主要培养学生的技术应用能力和岗位的应用能力，将学生培养成具有较强的技术应用能力、具有良好的理论基础知识、具备一定的沟通协调能力、具备宽阔的工作面、具有高素质和高水平的复合型人才。培养人才需要从国家的建设和社会的发展出发，在高等技术应用型人才的总体构架之下，本着"人文先导，能力为本"的宗旨，按照相应的岗位要求培养学生的知识和能力，保证培养的人才符合社会的发展和地区的建设需求，符合就业市场对人才的要求。在培养人才的时候要以行业的需求、经济的发展要求以及就业市场的人才需求为导向，根据学生的发展与自我发展、培养与自我培养开展学生的再塑，将培养的重点放在培养学生就业竞争的能力、创新创业能力、技术应用能力，提高学生对问题的分析和解决能力，提高学生的工作能力，让学生在实际生活与工作中"学会学习、学会生存、学会做事、学会沟通、学会协作、学会发展、学会提高"，使学生真正成为具有较强能力和较高素养的综合性、复合型、应用型的人才。

能力本位教育主要的教育内容、教学方式为：在教育教学的时候预先设置一些系统的、具体的能力标准，根据每个学生的学习进度和学习水平，通过预先安排活动的方式帮助学生获得相应的行业水准和学科水平，教学的主要目的在于将学生的学习成果转化为具体的行为表现。

（3）确立"零距离上岗"的质量观

所谓的"零距离上岗"主要指的是用人单位要求学生毕业后即能定岗工作。随着社会经济的不断发展，现代企业对于人才的要求是毕业后到企业可以即刻上岗，这也渐渐成为对现代人才培养的衡量标准，同时也是现代企业用人的黄金标准。商务英语教育就是以能力为本位，以适应性为宗旨，在商务环境下的就业的教育。在教育中要培养学生的动手实践能力和动脑能力，培养具有较强的创新能力、扎实的基础知识、较高的知识层次，可以熟练掌握和应用新兴技术和有着成熟心智的应用型、复合型人才。因此，决定高校商务英语专业开设成败的关键在于专业的定位是否准确。在社会中是否欢迎该专业的毕业生，毕业生的就业率是否高，毕业生是否可以"零距离上岗"成为衡量高校专业的定位是否准确的重要标准。鉴于此，高校在开设商务英语专业的时候应该从社会的需求出发，以就业为导向，坚持面向管理、建设、生产、服务人才的需求，对岗位和岗位群的需求进行考察后对专业进行正确的、科学的定位。

（四）专门用途英语理论的商务英语教学法的原则性

就当前的商务英语教学来说，教师采用的还是传统的英语教学法，是对其的简单复刻和机械的套用，具体的表现如下：首先，教师的讲授在课堂教学中占主导地位，学生处于被动的地位；其次，商务英语的教学内容主要围绕语言的知识点来开展课堂教学，以教师讲授为主，学生被动地接受知识，课堂教学时间主要花费在教授单词、短语、句型以及对课文的翻译上。这种教学方法脱离了真实的商务环境，忽略了商务英语教学与学习者需求之间的联系，很难培养学生的创造能力、交际能力和团队协作能力，学生难以学以致用，因此商务英语教学方法的采用应该建立在专门用途英语教学理论的基础上，原则上应包括以下几个基本点：

首先，教学目的明确，商务英语的教学目的是培养学生扎实的英语语言能力和良好的商务技能；其次，内容专门化，商务英语教学材料应该和商务领域有直接或间接的联系，在题材、篇章、词汇等方面要反映出商务行业的特点；最后，要充分考虑学习者的各种需求，即学习者的目标需要、学习需要和情感需要，以必要的启发和引导来开展教学，培养具有现代商务意识、善于合作、讲求效率、具有实际商务能力的学生，因此主要采用讨论教学法、情景教学法、案例教学法等。

（五）专门用途英语存在的缺陷

从理论角度出发，商务英语是一种特色鲜明的英语教学方式。专门用途英语提出的需求分析方法给商务英语教学提供了思考框架和操作思路，是专门用途英语理论为英语教学所做的重要贡献。学习者需求的描述往往涉及语言技能、行为技能、知识、思维过程等方面。把商务英语当作专门用途英语的一种，实际上解决的是教学方式问题，而并没有揭示英语在商务领域和活动中的使用情况。

专门用途英语理论不能对商务目标情景下英语的运用做出系统描述，它没有对语言使用本身进行系统研究。它关注的重点放在分析需求的手段，而不是对语言的系统描述上，也没有对专业知识做出系统描述。

二、社会功能变体视角分析

（一）"英语变体"

任何语言都不是一成不变的统一体。它依据使用的对象、地点、时间、环境的不同而发生变化，从而产生语言变体。语言反映了复杂的社会内容，其交际模式不是单一、简单的。由于历史、文化、社会、地域等多方面原因，目前世界各国对英语的使用并不再是传统意义上的"标准英语"，而是在英国本土以外形成诸多的"英语变体"。为了满足社会各个方面、各种现象的需要，英语也因其地域、社会等多方面因素出现与传统语言的差异，形成了英语变体。这些变体包括不同特色的母语英语、方言、洋泾浜英语和克里奥尔语等。

（二）商务英语社会功能变体的依据

1. 语言使用受语境制约

把商务英语当作英语的一种社会功能变体对认识商务英语有一定的帮助。语言要在一定的时间和空间内使用，这些情景因素影响着语言的使用，同时语言使用者的性别、年龄、社会阶层、职业等个人社会特征，以及语言使用发生时正在进行的活动的类型、所处社会的文化等超越个人的社会特征，也影响着语言的使用。与这些特征相对应，语言使用体现出语音、词汇、句法的特点。这些语言特点构成了语言的各种社会功能变体。

2. 语言反映价值观念

Widdowson 认为：如果语言是交际工具并为民族利益服务，反映不同民族的价值观念就必然有多样性。1985年，语言学家 BrajKachru 在"英语世界化理论"中提出"三个同心圆"模型理论（three concentric circle of English），这三个同心圆分别是内圆（inner circle）、外圆（outer circle）和扩展圆（expanding circle）。内圆指的是母语为英语的国家，如英国、美国、澳大利亚、南非等；外圆包含的国家多是由英国前殖民地组成，这里的英语叫做"非母语变体"，英语从起初的强迫"移植"到新环境中，到现在"自然"与当地语言文化相融合，形成了民族化的英语变体，如印度、新加坡、马来西亚等。外圆的人口比内圆多，英语在这里是第二语言或与母语并列的官方语言，有一定的政治地位，其获得方式主要是通过学校教育。这些国家使用的英语可以称作"制度变体"。

3. 众多领域应用

商务英语是英语的一种社会功能变体，是英语在对外贸易、招商引资、国际旅游、海外投资以及国际运输等商务活动中的具体应用，其文体复杂，所涉及的专业范围也很广泛，包括广告英语、合同英语、函电英语等。从普通英语与商务英语的联系来看，商务英语源于普通英语，是商务知识和英语的综合，虽然具有一定的独特性，但它完全具有普通英语的语言学特征。以下对商务英语词汇变体和商务英语中的专业术语作简单介绍：

（1）商务英语词汇变体

商务英语是现代英语的功能变体，是随着商品生产及贸易的发展而形成的一种文体形式，反映的是商务活动的语义内容。商务活动从本质上讲必然和普通大众相联系，同时也有专属于以商务活动为职业的专业人士的内容。商务英语不以语言的艺术美为追求目标，而是讲究逻辑的清晰和条理、思维的准确严密和结构的严谨性，这些特点必然会反映在构成语言的最小的、最基本的独立运用单位——词汇上。因此，商务英语词汇既有自己的特点，也与普通大众词汇相关联。同时商务英语还有着商务方面的常用术语和类似语境中常用的专业词汇。例如，asresult、forthisreason、inorderto 这些表示逻辑思维的词语用在商务英语写作中表示清晰、缜密的思路。同时，商务英语中要求用词简洁，如 cash with order、just in time delivery 等，贸易术语有 CIF、FOB 等。这些都可以看出商务英语是以商务环境为背景、包含了各种商务活动内容的、适合商务需要的现代英语。

（2）商务英语中的专业术语

第一，商务英语词汇的高度专业性。一些商务术语的特点是具有国际通用性，其意义精确、单一、无歧义，且不带有感情色彩，一般不需要借助上下文来理解。

第二，商务英语中出现了大量的缩略语。商务英语的一个重要特点就是商务领域里的人们创造了大量的缩略语，而且简化方式多样。商务英语缩略语的数量与日俱增，意义广泛，涉及经济、贸易、财政、金融等各个领域，这是由于全球科技与商贸的发展使全球经济趋于一体化，需要一种简便的交际语言来记录和表达。国际活动是一种跨国活动，随着电报、电话和电传的发明，国际贸易得到了高速的发展，远隔重洋的买卖双方为便于记忆和记录，在用电话交谈、发送电文时，均要求简明扼要，因此使用缩略语。

第三，商务英语中出现了大量的新词语。英语是国际交流的语言，商务英语是世界经济的语言，而语言是在社会使用中不断变化的。随着科技、社会经济突飞猛进地发展，新产品、新工艺的不断涌现，新的商务术语也在不断增加，例如：on line shopping（网上购物）、e-money（电子货币）、bubble economy（泡沫经济）、stagflation（停滞型膨胀）新词语的使用可增添语言的时代感。

（三）对社会功能视角的评价

对商务英语的社会功能变体的研究如果从一种静态的角度来看，具有明显的局限性。因此应从动态的角度来研究，商务活动是经济活动，而经济活动是在各种文化环境中由人来开展的。从社会功能变体视角看商务英语是有积极意义的。

第三章 商务英语教学的发展历程、现状及未来展望

本章主要介绍商务英语教学的发展历程、商务英语教学的现状及思考以及商务英语教学的未来展望。

第一节 商务英语教学的发展历程

商务英语是专门用途英语中的一个分支学科，历史只有几十年，但是商务英语的实践应用已经持续了将近五个世纪。商务英语的产生与发展，不论古今中外，均与国家之间商贸交往现实需要密切相关。从某种意义上讲，商务英语教育就是商务活动所需要的人才培育过程，它既要满足社会经济活动对于外语专业人才的需求，又要适应国家对外贸易政策变化的要求。纵观古今中外商务英语发展史，那些有意义的教材读物、教学实践以及语言实践都为这一学科最终的形成打下了扎实的现实基础，其中还包括中国洋泾浜英语，它原本就是贸易语言。

商务英语作为英语中最主要的功能变体，其产生既是社会发展到一定阶段的必然结果，更是英语语言学本身发展的必然趋势。随着经济全球化进程的加快以及国际商务活动的日趋频繁，这一切都离不开商务英语这一工具。在知识经济已见雏形的今天，商务英语更显示出了它旺盛的生命力。商务英语具有明显的应用性和普及性。因此，商务英语在全球经济一体化进程中有着不可替代的作用，而这一切都有赖于对商务英语进行的深入研究及有效运用。20世纪90年代以来，商务英语教学研究已在国内大专院校及外经贸系统中形成一股高潮，但是，商务

英语学科在我国的发展却没有跟上新世纪的脚步，商务英语这一学术领域，至今没有在理论和实践上完美结合进行更为深入的研究，相对于国内外语界对英语语言文学研究的水平，还存在着较大的差距。由于缺乏理论指导，很多教师只是把自己所讲授的内容当作教材来使用，很少有教师去考虑学生该如何学习，更不用说去进行具体的实践操作了。究其原因，主要是因为我们对商务英语的本质及规律没有形成完整而准确的认识。人们对商务英语产生及学科发展经历认识不足，由此引出一些关于商务英语的另类观点。其实，从本质上来说，商务英语并不是一门独立于其他语言之外的特殊的应用语言学分支学科，它是一个具有广泛应用性和广阔发展前途的边缘性交叉学科。

从语言学角度来看，语言伴随着社会不断发展。不同时代具有的不同的语言代表着一定的文化内涵，同时又反映了该时代的政治、经济、宗教等方面的情况。想要认识某种语言的某些发展规律，就必须与社会发展历史紧密联系，与创造和应用这门语言的民族历史相联系。

一、国外的商务英语教学

商务英语作为专门用途英语学科下的一个分支，有学者认为其产生于1969年ESP学科确立之后，但是纵观英语语言教学的历史，商务英语早在ESP产生之前就已成为英语语言教学的一个重要部分，是ESP的先驱。为了克服英国和其他欧洲国家贸易活动中的语言障碍而编写的英语学习书籍最早在15世纪末就已经出现，比第一批将英语作为一门外语来教授（TEFL）的课本还早。商务英语教学在国外的开展可以追溯至16世纪（Howat，1984）。Picket（1989）以1553年一本面向安特卫普学习商业的学生出版的教材作为商务英语教学的起点。这本教材包括书信的格式、契约等，对从事贸易的商人来说是非常必要的知识。

早期商务英语学习书籍是英语和其他语言（特别是法语）之间的对照手册，具有强调、实用等特点，对正确理解商务英语的特点和作用、对商务英语的学习和发展具有重要作用。1483年，第一部这类手册被威廉·卡克斯顿在威斯敏斯特新建的印刷厂印刷。此后，该手册一直沿用至今。这本手册模仿当时欧洲大陆弗莱德地区布鲁格斯市非常古老的弗莱德语/法语手册，遵循传统手册风格，加以双语对照，也就是每页一半为法语，一半为相应英文。这本书出版后很快就被翻译成多种语言，成为世界上最受欢迎的商务英语教科书之一。手册从学习者商务需求出发，强调实用性。手册后半部分主要讲述一些与贸易相关的常用商业用语和商业行为规则，比如，商品术语、合同及各种商业文件中使用的名词、动词、形容词以及其他常见词语。手册的上半部分从日常对话讲起，然后介绍了一些简单的日常词汇，比如家居用品、家庭关系等。其中有许多关于日常生活中常见而又容易出错的单词和词组。在每一章中都配有大量的插图和表格，这些图片和表格均由专门的设计软件绘制出来。手册中还包括了大量关于如何购买书籍和服装等内容的信息。

较早的同类学习手册并不只是为了便于英语使用者习得法语（法语在那时已经成为商务通用语言），其服务群体还包括主要使用法语的商人以及其他母语为法语的使用者，供他们学习英语使用。那时，欧洲大陆地区，尤其是在那时商务活动最频繁的弗莱德地区，很多人都有学习英文的热情与需求。另外，商人们意识到，哪怕浅显地了解一点他们所服务客户的母语，也会对自己的事业有很大的帮助，并且可以避免上当受骗。因此，他们希望通过学习法语来掌握英语并使之成为商业活动中有用的工具。在 16 世纪初，英语已经和当时比较知名的法语、意大利语和拉丁语齐名，它们一起成为文艺复兴时期为向不会外语的旅行者提供几种语言对照本以及外语常用语手册的语言，这些手册中包含了许多的语言知识。在这种情况下，一些具有一定外语水平的人就会根据这些信息来选择适当的语种进行学习，从而提高其外语水平。这一时期，安特卫普还出现了已知最早的 TEFL 教师法国人莫里哀。他编写的《论学习如何讲说法语和英语》是 1553 年出版的教材，是一本英法双语对照手册。他在书中提出了"实用翻译技巧"的方法。从这本书中，我们能明显看出他的那些同学对商业的兴趣倾向。他们在学校里大量使用英语，并且将之作为主要教学工具。因此，在此意义下，早期对于实用商务用途英语的要求，已成为推动 TEFL 诞生与发展的主要因素之一。

此后，伴随着英国工业革命和美国近代资本主义的崛起，英语渐渐代替法语，在国际交流各方面与各领域发挥着重要作用，在商业交际中使用英语已是大势所趋。到 20 世纪 60 年代，由于国际经济活动日益增多，世界范围内对商务英语人才的需求量越来越大。就商务领域而言，英语商务尺牍课程、部分商务英语词汇及常用对话手册等曾一度成为世界各国希望从事商务活动的英语学习者必修的课程和教材读物。虽然商务英语作为学科分支而被系统地发展起来不过是最近几十年的事情，但商务英语教学的进展却一直没有停止，尤其是 ESP 学科成立之前的十年，从教材上看，大家耳熟能详的商务尺牍课程正逐步被 Howatt 等新观点教材替代，比如由 Webb 与 Knight 共同撰写、首次采用真实听力材料的《现代商务英语课程》。在此基础上，许多教师开始尝试从理论上研究如何提高学生听的能力以及如何培养他们用语言进行交际的能力。这些商务英语教学的进步，对 ESP 学科最终的确立从实践层面起到了一定的推动作用。

大规模商务英语教学可能始于 20 世纪 60 年代后期。在这一阶段中，一些学者和实践者已经认识到了商务英语的特点与重要性，并试图从不同角度去分析其语言特征。Elis 和 Johnson 简要介绍了 20 世纪 90 年代初之前商务英语的教学情况。他们认为当时的英语教学主要关注语言本身以及语法、语音等方面。20 世纪 60 年代末 70 年代初，专业词汇在商务英语和普通英语中有了明显的区别。随着商务英语应用范围不断扩大，人们逐渐认识到，商务英语不仅仅只涉及语言知识和技巧问题，还包括商务交际中所运用的文化因素及其相互关系等方面的内容。所以商务英语教学的着重点是商务词汇与术语的学习，另外还培养商务语境中的听说读写能力。由于商务英语的特殊性，传统教学法并不适合商务英语学习，因而出现了"以教师为中心"或"以教材为中心"的教学模式。20 世纪 70 年代中期至 80 年代，商务英语教学的重心转移到发表观点、推荐介绍、表达观点以及其他系列功能意念语言教学上。这一时期出现了大量以口语为基础的教学模式，例如，课堂讨论、小组活动、辩论或口头练习等，但都未能从根本上解决学生缺乏实际使用英语的能力这一问题。至 20 世纪 80 年代末，教学实践更多元化，注重培养学习者运用英语进行演讲、与会、谈判的能力，语言训练都是围绕着这几大交际技能进行的。

自 1990 年代以来，商务英语成为 ESP 诸多种类中最为重要的一个种类（St. John，1996）。商务英语的学习者除了职场人士外还包括越来越多的大学生。大学生这类学习者往往没有职场经验，对这类学生，基于内容的英语教学（content based English instruction）受到关注。这种教学以学科知识为内容载体，融合语言技能的训练。Alexander（1999）报告了维也纳经济和商务管理大学这方面的实践。教学面向商业、经济学和企业管理专业的学生，内容围绕一般的商务话题，例如，商务、合同、营销、人事管理等，还包括高级的学科专业话题，例如，会计、金融等。该校的做法与对外经济贸易大学的现行做法相似，其区别在于后者的教学计划中还有商务话语和商务实践两方面的内容。

这类学生同时需要商务和语言两方面的知识与能力。目前，商务英语已经被越来越多的高校所开设并作为一门必修课来对待。这样的学习者叫作普通目的商务英语学习者，他们是为了适应公司的实际要求而选择的英语课程。另一种类型的学习者具有职场工作经验，理解商务活动，所以，其学习需求通常是非常特定的，比如，商务技能或者是专业词汇，他们被称为专门目的商务英语学习者。这两类学生在英语学习动机方面存在差异，教师在教学中应考虑如何进行英语教学以促进这些特殊类型学习者的发展。针对这类特殊群体，商务英语教师应该根据学生特点采取适合其发展水平的教学方法。因其目标的差异，两者的教学方式应该有所不同。Elis与Johnson提出商务英语教学应以任务为中心。如果学生能够通过任务学习来解决商务问题的话，那么他们就可以在自己所从事的职业中得到更好的发展。对职场经验丰富的学习者而言，任务应依据其工作中需要解决的问题而制定，对无职场经验的学习者，任务的制定应参照学习材料如课文、视频等。

另外，在一些英语国家开设了商务英语本科专业。例如，英国中央兰开夏大学开设了面向国际学生的商务英语项目（English for International Communication）。

从商务英语教学发展的历史来看，教学内容仍然以语言和语言技能训练为中心，但涉及的范围逐步扩大，从以商务词汇为教学重点开始，逐渐吸收了商务功能意念方面的内容，到后来注意在教学中把商务话语类型和学科知识融合起来，反映了人们对商务英语认识的逐渐深化。从教学法上来讲，国外商务英语教学基本遵循了主流的英语教学法理论变化的轨迹。

二、国内的商务英语教学

（一）商务英语在中国的起源：中国式的商务英语——洋泾浜英语

尽管中国的洋泾浜英语（以下简称 CPE）只是一种不规范的混合语或接触语，但它是我国商务英语的起源。在中国，CPE 恰恰是作为贸易语言出现。Pidgin English 最初表示的就是 Business English，也就是首先出现于英国人与中国人中间的一种商业语言。

CPE 产生于 1699—1747 年之间，经历了"广州/广东英语"和"英语在中国沿海"等发展阶段。世界其他洋泾浜语言主要是西方人（多为传教士）首先发明，再传给当地使用者的语言工艺。而 CPE 是由中国人发明，它的教学同样带有强烈的中国特色。由于英语和汉语存在巨大的差异，CPE 最初对中英贸易的英语掺杂了少量其他（如葡萄牙等）语言的单词、语音、语法并对之进行了简化和改变，让其更加贴近中国本土表达习惯，因而中国人学习 CPE 时，学习内容应以掌握相关词汇为主，通过死记硬背把这些语词背下来，实质上是按照汉语语法和语音说 CPE 的语句就可以了。也因为 CPE 是中文与英语接触所产生的一种口头语言，一直无书面形式，由此造成在 CPE 教学中，出现了完全不用英文而使用汉字的情况。这种教学方法既不利于学生从整体上把握整个语言，同时又不能很好地提高他们的口语表达能力。这种教学方式并不只存在于 CPE 初期"广州英语"阶段，还被上海 CPE 时期的"沿海英语"使用，但当时 CPE 词语注音已经从"粤腔"转为地方"吴调"。

就 CPE 学习方式而言，亦有其发展历程。早期 CPE 多以直接和外国人接触模仿的方式发展。后来随着对英语本身规律认识的提高和学习经验的积累，逐渐开始了对西方国家文化知识的吸收和消化，并最终形成自己独特的风格和语言体系。另外，师徒相承是早期 CPE 的学习特征，具有明显的中国特色。后随中外贸易扩展，对于 CPE 人员提出了更高的要求，机构教学（培训）发挥着越来越重要的作用。以上海为例，1860 年以后，社会英文培训班（学校）迅速增加。当时，许多人都会在工作之余去学习和练习英文，甚至在许多外商洋行内也有此类培训机构。这些院校的教学是切实可行的，内容多为英语，辅之以其他商业技能，比如，西士麦开设洋文书塾传授学生报关单、栈货单的写法等，这是同外商交往中最需具备的知识和技能。之后陆续出现了一些相关的书籍，自学成为 CPE 学习形式之一，然而，如果商贸英文全靠自学，其效果是非常差的。那个时候，华人中识字的还很少，初期自学这种方式并没有起到多大的效果，在别的城市也大致如此。教授 CPE 的教材，早在"广州英语"期间就已经问世，所有的书籍都用"记音汉字"进行标音（其实就是把汉字作为英语的拼写和呈现工具）。以《红毛买卖通用鬼话》为例，起初仅有 16 页 372 个条目，按中国传统编纂方法编入生意数目、通用话语、人物俗语、食物杂用等四类，全部文字都用繁体汉字和广东土语标音相对应，整本书未见半个英文字符。在此基础上，有人对此书进行了抄袭与模仿，从而衍生出了几种名称和内容都相差不是很大的小册子。由于这类书籍实用性较强，随后就不断有人进行这种编写活动，并产生了数量众多的此类教材。之后的 CPE 教材中不仅教常用单词和短语，并且开始教授短语甚至是句子，以《无师自通英语录》为例，教材中就把常见的英语语句吸纳了进来，在每个句子下面注明汉语谐音，全书共 900 个语句，说它是中国最早的"英语 900 句"也未尝不可。

尽管 CPE 仅仅是一个非常不标准的接触语，却和西方佛兰卡语如出一辙，在世界贸易初期，这是一种独特的语言交流现象。它在汉语中被称为"洋行话"，其主要功能就是"卖东西"。CPE 的产生及其传播推动了中国近代早期对外贸易的发展，并且孕育出中国近代史上所独有的买办与通事阶层。在某种程度上，恰恰是越来越频繁地与外界交往以及买办、通事阶层的"洋化"与"暴富"等原因，加速了 CPE 的衰亡，迎来新的英语学习热潮。

（二）商务英语在中国的发展——标准英语的商务用途教学

中国标准英语教育肇始于 19 世纪初期，外国人在中国创办教会学校，这些教会学校开始教授标准的英语，但是在很长时间内，它的影响还没有公立 CPE 学校大。那时社会追求功利，这些教会学校亦不能免俗，例如，中国第一所教会学校——马礼逊学堂，它的发展就受到财力、人力的制约，一方面这些教会学校临时联手，另一方面，他们积极争取与当时的商业巨头合作，理所当然地享受着这些巨商的扶植，同时也为这些巨商培训贸易通事。随着时代的变迁，当时的教会学校渐渐失去了原有的功能，转而成为一个以教授中文为主的学堂。许多学生英语达到一定水平，就应英国商人之邀担任翻译或买办，导致很多学生为了就业中途退学。此外，许多教会创办的企业中都有开设专门的商业类课程，以满足当时社会对于洋务、商务人才的需要。有些教会学校则转变了对华人传教士进行培训的初衷，增加部分实用课程，例如，由原来的教会学校发展而来的"沪上著名书院"英华书馆，该校不仅开设英文课程，并加入算学、司账以及其他与商业相关的财会知识课程。此外，还有一些教会开设了其他外语专业以满足市场需求。这些"短平快"的功利教育，正折射出当时条约口岸城市商业外语人才奇缺的事实，同时一大批语言学校和培训机构应运而生，它暂时缓解了经济发展迫切需要商务人才的紧张状况，并且对其后的中国教育及现代化进程有着深远影响。

清末民初，中国近代教育刚刚起步，与此同时，英语教育却在畸形地发展，那时一些商科学校，甚至还直接使用英美原版教材进行教学，但这并不能改变英语教学和商科教学仍是两门独立的学科、尚未形成交叉教学这一事实。学生学英语还是通用英语，学习的其他各个专业还是以汉语授课为主，难以进行有机结合。虽然一些商科学校或商科专业使用原版英文教材并以英文教学授课，但是，那已经是英语商务教学中的范畴，而不是商务英语教学。

培养翻译人才的目标设定对商务英语教学的内容有直接的影响。从1954年的教学计划可以看出，教学内容和教学目标的关系。教学计划包括九门课程：马列主义基础、政治经济学、中国革命史、汉语、体育、国际贸易理论与实务、翻译、讲读（包括独立阅读）、外贸应用文。上述九门课程中的后三门演化成外贸函电、外贸口语、西方资本主义国家报刊选读课程。这三门课程被称作"老三门"，是英语专业学生的核心课程。这些课程采用的教材由老业务员出身的教师编写，或教师与业务员合作编写（王兴孙，1997）。以《外贸函电》为例，它就是由老业务员根据对外贸易业务活动中实际发生的来往函电编写而成，按照外贸实务的流程（建立业务关系、询价、报盘、还盘、申请开立信用证、安排运输和保险、运输等）来组织内容。每一课包含语言和术语注释、翻译以至书信写作这些形式的练习。

从20世纪70年代末开始，中国实行对外开放政策，发展社会主义市场经济，英语专业的学生除了需要学习英语语言外，还需要学习商务知识，开设的课程数量开始大大增加。除"老三门"课程外，大量增加了基于内容的课程，如市场营销、管理、国际经济合作等。这些课程用英语授课，根本的想法是学生通过英语讲授的业务知识课程可以学到商务知识也学到英语。

20世纪90年代是商务英语在中国快速发展的时期，开设商务英语项目的大学如雨后春笋般增加。更值得一提的是，英语专业培养复合型人才得到国家认可。商务英语作为中国大学培养复合型英语人才的一种途径开始受到广泛重视。商务英语的范围得到相当大的扩张。对外经济贸易大学2000年版英语专业教学方案清楚地表明了这一点。教学方案中商务学科知识的课程比重变大，如西方经济学、商业伦理、国际商法。这一阶段语言技能课程和学科知识课程相互独立，自成一体。语言技能课程基本上独立于学科知识的学科语境和语言技能使用的目标职业语境。当然，语言技能课程也介绍商务业务的程序，例如，商务写作课程在安排写作活动时遵循贸易流程，从询盘、报价、还盘、装运、保险等一一道来。问题在于处理这些贸易流程时，没有把这些活动后面商务专业人士对职业身份、交易惯例、达到各种目的的策略技巧以及商务礼仪这些问题的认识和实现作为必不可少的内容，只是介绍了业务环节这些表面的、程序性的内容。那些没有介绍的内容反而更重要，因为这些内容构成了商业文化。缺少对商业文化的了解，学生就不懂得按照行业惯例、程序来行为，也不能理解和自觉运用行业语言的使用方式，其行为和言语从专业人士的角度来看是达不到得体这一标准的。这种做法是典型的基于内容的语言教学，专业知识只是语言内容的载体，本身不是学习的首要目的。

2007年是中国商务英语教学里程碑式的一年，教育部把商务英语列入本科学科目录中的试办专业，商务英语本科专业终于成为和英语（语言文学）专业平行的一个本科专业。对外经济贸易大学成为我国第一所被批准开设这个专业的高等学校。为适应新的专业的培养要求，对外经济贸易大学重新提出了培养方案，其明显特征是依据学生从事国际商务领域活动的行为所需的专业技术，细分了专业技术内涵，对三大版块内容进行了界定：商务学科知识、商务话语和商务实践。

商务学科知识是商务英语本科专业学生专业能力的一个重要组成部分。从事国际商务领域的工作需要掌握经济学、管理学和国际商法的专业知识。和以往基于内容的英语教学不同，商务学科知识的学习要对有关学科的知识进行深入、系统的学习。一方面是获得学科的知识框架和具体的知识；另一方面通过学科知识的系统学习，学生感悟学科文化，掌握认识和处理学科内容的方式方法，以获得学术专业社团的成员资格。这样学生既接受了学术训练，又提高了学术研究者的身份意识。这个内容是以往英语专业之下的商务英语方向所缺乏的，也体现了大学教育发展学生智性和教授知识的目的，使商务英语本科专业的教育区别于有时会为人诟病的高等教育。商务实践涉及商务活动的程序、惯例、礼貌体制、专业社团明文规定和隐性的实现各类商务目的的策略和技巧。这些内容和商务学科知识一起构成了商务英语表达的语义内容。这一板块的支撑课程包括国际贸易实务和国际商业文化。这些课程的目的是让学生掌握商务业务的程序知识和事实知识，对商务实践有批评意识。

从以上的回顾可以看出，国内的商务英语教学从一开始就存在学科知识课程和语言课程并存的局面，两类课程在数量上都逐渐增加，而且越来越紧密地相互联系在一起。

三、国内外商务英语教学比较

国内外的商务英语教学都遵循了专门用途英语的基本原则，即教学以满足学生在目标行为环境下行为的需求为教学目标。对目标行为环境下的行为的分析成为教学内容的来源。由于需求分析采用的方法不同，分析的结果有很大差别。例如，早期的需求分析集中在语言特征上，包括词汇和句法形式。这些表层特征被认为是区分商务英语和普通英语的标准。因此，商务英语教学的内容就是这些专业词汇和句式。当语言技能和商务技能被认为是目标环境下所需要的技能时，它们就成了商务英语教学的内容。大学生这类商务英语学习者需要商务学科知识，因此，国内外的商务英语教学都加入了商务学科的知识内容。可见，商务英语的教学一直围绕目标环境下的行为能力需求分析来开展，对行为能力的描述随描述的方式和结果不同而有不同的内容，教学内容也相应变化。

中国商务英语教学和国外存在较大的不同。在中国，商务英语是一个自主得到国家承认的本科专业，而不是像其他地方那样作为培训或附属于其他专业的服务行业。另外，中国的商务英语教学中语言技能和商务实践两个方面都得到强调，形成中国商务英语教学的特色。还需要注意的是，学科知识虽然在教学中也有涉及，但直到作为独立的专业开设，它一直不是重点研究和学习的内容。

第二节　商务英语教学的现状及思考

一、缺乏实践教学及课程

（一）商务英语实践教学必要性的认识不足

1. 对商务英语实践教学的重视度不足

学术界、教育管理部门以及学校，对于高校商务英语实践教学的研究和关注程度应加强。商务英语学科具有较强的专业性和应用性特点，对学生语言能力提出了较高要求。在文献方面，开放大学商务英语专业实践教学的专业刊物、论文数量接近于零。在国内各大高校中，只有少数院校开设了商务英语专业课程，但大多没有专门设立实践教学环节和教师团队。很明显，人们对于商务英语实践教学的重要性还没有充分认识。商务英语是一门实践性很强的学科，它与学生的就业密切相关。商务英语的教学在我国起步较晚，有关的研究是在20世纪90年代才出现的，但是得到了迅速的发展。随着社会经济的不断发展和进步，商务类人才需求量越来越大，商务英语实践教学也随之受到重视。中职院校在商务英语实践教学方面进行了较多研究，在实践环节还增设了实践课程和实践基地，有专门的教师对学生进行定岗和实训。商务英语实践研究主要分为2005年到2009年的实践教学建设研究阶段和2009年以后的实践教学创新研究阶段。目前国内关于高职商务英语人才培养模式方面的实证研究较少，而对于实践教学模式设计与评价的系统研究更是凤毛麟角。尽管这两个阶段都有长足的发展，但只是促进了国内中职院校商务英语专业的教学改革与发展。总之，实践教学研究仍属初试阶段，止步于设计阶段，研究成果可操作性不强、不具有实用性与普适性。

2. 缺乏对商务英语突出 ESP 英语功用性特点的认识

ESP 教学离不开具体的职业需求，也就是说，职业岗位能力（实践能力）是紧密围绕商务英语教学而展开的，它不同于普通英语教学。首先，学习者的学习目的明确，也就是学习者学习这门课程是要在某个行业中运用英语能力，是为该领域中从事某种活动而进行的语言应用训练；其次，学习内容专门化，将英语知识与技能专门化于特定专业或职业的应用性课程（实践课程），同时，它还紧密联系各个行业的专业知识。因此，以学生为主体、教师为主导的教学模式成为目前高职院校商务英语专业教学改革的主流方向。与商务英语专业人才培养目标相一致：不但要求基本功扎实，而是具有相应的专业知识，培养出能力强的复合型人才，也就是"外语加职业"的模式。因此，实践教学是整个高等教育过程中不可缺少的重要组成部分。

（二）对提高学生职业岗位能力重视不够

1. 课堂活动作用极其有限

课堂活动的组织要最大限度地为考试服务，在提高学生职业岗位能力方面效果不大。因此，在课堂教学中要充分发挥师生之间的积极互动作用，让课堂变得更加精彩。由调查问卷分析，学生喜爱的课堂活动为补充案例，这也是教师使用最多的课堂活动之一，更成为师生之间互动最强的一种课堂活动形式。在高等院校的英语教学过程中，课堂教学仍是主阵地。高校商务英语课堂的听说课与阅读课利用网络的环节大多是听力和做题，90% 的时间是教师教学，只有 10% 的时间留给学生提问和讨论，教学内容紧扣考试，案例和实际工作内容的部分有关，学生对课堂活动的参与性不强，除解答问题、完成习题等互动活动外，很少有交流。这导致教学效果差、师生之间缺乏互动，从而影响课堂教学效率。从听课记录中了解到，案例最有用的地方就是为考试服务，学生都很认同这个观点，却没有浓厚的兴趣，学生忙于做笔记，教师忙于传授知识。

2. 课堂活动匹配程度低

学生需求和教师所开展的课堂活动不相匹配，会影响学生职业岗位能力。因此，需要构建以人为核心的课堂教学模式，使学生在教学过程中成为主体。以马斯洛、罗杰斯为代表的人本主义心理学认为,每个人都有开发自身潜能的才能与动机,个人可选择其发展方向与价值,并且要为你所选结果承担责任。因此在课程教学中要以培养学生职业素养为核心。在商务英语教学过程中,应根据不同专业特点设计相应的课程活动来促进学生自我认知、自我实现及社会适应等方面能力的培养。课堂活动,首先要与课程目标的要求相一致,其次是重视课堂活动中教、学、研三者之间相互作用,最后达到培养人才之目的。商务英语课堂教学应以培养学生综合应用语言的技能为中心。所有教学活动的起点与终点,均以加强商务英语人才培养为目的。因此,教师要以培养学生商务实践技能为核心来组织课堂教学,让学生能够真正掌握知识、形成技能、发展智力,从而实现其培养目标。但现实的教学却不是这样,教师"教"和学生"学"的目标并不完全统一。

二、教学方法和手段相对陈旧

(一)传统教学观念未彻底改变

"讲授式"(教师讲,学生听)的传统教学方式,优点在于可以用较短的时间讲授更系统的知识。它在某种程度上有助于学生的考试顺利过关,缺点是容易导致"哑巴英语"和"聋子英语"现象。随着经济全球化和信息时代的到来,商务英语教学已成为我国教育事业发展过程中一个不容忽视的问题。当前商务英语教学课堂还是"粉笔加板书",也就是像PPT这样借助网络的现代技术手段仍然无法有效应用于商务英语教学之中。不少学生认为,教师在课堂上使用的仍是"传统的课堂教学模式"。教师利用PPT备好课,课堂放PPT代替手持粉笔写板书,为书写节省时间,使知识传授的容量加大。如果教师说个没完,学生的笔记也没完没了。这样就造成课堂气氛沉闷、效率低下。新课程改革实施以后,大多数教师都开始意识到,课堂的"主体"应以"学生"为中心,尽管教学观念发生了变化,但是,实际情况却不尽如人意。

虽然教学方法与手段进行了部分改革,但是部分教师并未完全转变教学观念。因此,教学中需要构建以人为核心的课堂教学模式,使学生在教学过程中成为主体。教学方法要从单一化向多元化、趣味化演变,以增强学生对商务英语学习的兴趣，教学内容要从以英语语法和词汇教授为主过渡到通过训练来增强学生的听说读写能力并提高口语交际能力，促进学生掌握商科知识，提高商务活动能力。

（二）多元化教学方法未被广泛采用

现行的应试教育制度尚未得到彻底改革。目前我国高校商务英语教学模式仍然是传统教学方式的延续与应用。通过调查分析可以发现，传统的教学模式正在悄悄地发生变化，不仅增加了"以学生为中心"的教学模式以及"网络教学模式"，还增加了表演游戏、案例、自主学习等教学方法与手段，慢慢地开始为教师所采纳。同时还能使教师与学生之间进行更多互动，促进师生间相互了解与交流。在教学当中，大多数教师都懂得运用多元化的教学方法与手段提高课堂信息量并且模拟实际商务情景进行商务活动实践，能给学生带来大量的学习资源，营造良好的教学环境，有助于学生对学习内容的理解和深化，还有助于激发学生学习积极性。但从调查的结果中发现，教师、学生的学习目的仍旧以考试为主，教学中遵循传统的教学方法，可以使考试通过率达到最大化，其他的目标与活动只能居后考虑。

三、教学评价方法滞后

（一）沿用传统教学评价方法过于单调

以考试、测验等形式完成对学生学习水平的判断，也就是对学生学习效果的评价。在这种情况下，很多学校都把重心放在课堂教学上。根据《课程考核要求》，部分线上作业算入学生的平时成绩，将其按照比例换算纳入过程性考核评价，学完之后，学生进行期末测验与测试，按课程考核要求所确定的配比，换算后纳入最终考核评价。也就是按一定比例分别取平时成绩与期末考试成绩共同组成综合成绩，即终结性的考核评价。如果没有在线作业系统，则采用传统的纸质试卷作为测试载体。少数课的考核要求为期末写一篇论文或者是做一张测试卷，终结性考核评价只进行一次。在平时教学中采用这种方法，有利于培养学生独立思考问题和解决问题的能力，但也会导致教师过度看重考试成绩，忽视了学生其他方面素质的发展。因此，终结性考核评价具有局限性，无法完全反映学生真实知识与能力水平。

在教学评价中,就是对教师的教学效果进行价值判断,也就是对教师教学工作的考核,考核途径往往只是通过公开课的演示。这种方法虽然能使学校领导及时了解到教师在课堂教学时的状态以及优缺点,但是不能反映教师真正的教学实力和专业素质。通过调查问询了解到,传统的做法是教师公开演示课并请学校其他教师听课和评课,这种考核形式虽然可以反映教师在课堂上所做的努力与收获,但却忽视了课堂教学质量的真正含义,在评价教师的真实教学能力与水平方面具有局限性。新课程改革要求我们建立一套科学完善的教学评价体系,以促进课堂教学质量的提高,既要注重对学生学习效果的评估,也要注重对教师教学工作的考核。在新课程改革背景下,如何有效地开展教学活动评价成为一个新课题。虽然对学生学习效果进行终结性评价是必不可少的,但是,仅通过考试评价,会使评价方式显得太过单调。

(二)对教学评价多元化和系统化认识不足

教学评价是一个系统,其运行服从系统演化规律,采用系统分析法,对评价信息进行比较科学的分析,总结出评价结论。这种评价形式具有客观性、真实性和全面性等特点。评价的对象(因素)包括教学过程中的教师、学生、教学管理、教学内容、教学方法与途径以及教学环境等诸多要素的考核,不但要对以上因素一一评估,还要将诸因素评价概括为一个教学评价系统。在教学评价活动中应用系统分析法进行综合研究,有利于提高教育质量。所谓的系统分析法,是指应用系统科学原理与方法,对评价信息进行加工。从系统论角度出发,我们将教学评价看作一种具有目的性、整体性、层次性和开放性等特征的复杂系统。教学评价系统以评价学生学习效果为主,考核教师教学工作过程为辅。

通过访谈分析可知,许多人对教学评价的界定与内容理解不到位,沿袭传统进行单调乏味的教学评价,其做法实是无可奈何。因此,学校在对教学进行评估时,只重视成绩而忽略了其他方面的综合素质。考试这种评价方式比较客观,是可量化的,操作性强。因此,我们可以把它作为一种有效的教学评价形式来应用,对于参与教学过程的教师、学生、教学内容、教学管理、教学方法与手段、教学环境等诸项要素进行系统性的评估，但目前受财力和物力的限制，完全没有可能进行可行性研究，要打造教学评价系统更显得束手无策。

四、师资力量相对薄弱

（一）教师自身能力不足

一些教师在高等教育学校里学习的英语不是专门的商务英语，知识结构总体上倾向于英语语言学。此外，他们对国际上最新教育改革动态的了解不够全面和深入。毕业后投身教师职业，始终坚守着教书育人这个阵地。甚至有少数外聘教师属于企业员工，较少有从事过外贸、商务和其他有关联的行业，因此，这些教师缺乏企业实践能力。

书本上所学的商务知识和实际工作之间有一定差距。教学是一种复杂的社会活动，其目的在于提高教学质量并促进学生全面发展。我们发现有的教师英语讲得很流利，但无法表述或者表述不清楚商务术语及商务活动流程，难免使学生感到教师的商务知识只是纸上谈兵。尽管一些教师已认识到自己商科知识淡薄，在较短的时间里，经过不断的强化学习，填补了部分商科知识的不足，但教师本身仍然缺乏对商务背景知识的了解。

（二）教师缺乏自我发展的主动性

在教育改革不断深入的背景下，教师的工作重心逐渐从传授知识转变到培养学生能力上，教师的角色也由"教书"转为"育人"。学校的教育者存在"重知识、轻实践"的思想观念。在这种情况下，部分教师不会主动地去提高自己的专业水平和职业能力。其实教师自主专业发展就是建立在其主观能动性基础上的一种自我超越活动，而非在外界压力下，被动地进行提高拓展。在当前我国基础教育课程改革中，广大教师的学习与探索都有了新的目标与方向，但是，我们仍然发现教师自主专业发展过程中存在着许多问题。一方面，这意味着教师专业发展的动力来自教师自身；另一方面，它还需要教师对自主发展有追求、有动力，自觉做到教育观念不断更新与加深，开展创造性教育和教学活动。

第三节　商务英语教学的未来展望

一、重视商务英语专业人才培养

（一）学校层面

学校需克服内外条件制约，建立多种平台和渠道，协助和扶持商务英语专业人才，培训活动如下：

第一，要设计专业的商务英语在线学习平台——互动平台，使学生进行高效自主学习，吸引教师在网上交流教学心得，以及发布教案、课件、教学实录等供学生参考、教师之间相互沟通，让学习更便捷。

第二，将工学结合作为教学模式的出发点，注重校内学习和实际工作相统一，探索整合课堂和实习地点，加强岗位技能和综合职业能力的训练，保证实践教学的质量，达到"教、学、做"一体化。

第三，分阶段、重点突出、有目的地加强职业技能训练，提高学生综合能力，合理安排定岗实习时间，让学生在校内接受模拟训练的同时，还可以去企业真实环境实战培训。学生通过真实情境进行商务英语的学习，有助于养成良好的职业素质，具备优秀的终身可持续发展能力。

（二）教师层面

商务英语教学要符合我国经济社会发展需要。随着经济全球化和我国市场经济发展步伐加快，对商务英语专业人才素质提出了更高的要求。这首先需要从事教学工作的教师转变陈旧的教育教学观念，思想上跳出商务英语以研究语法为主的"旧观念"，对商务英语教学进行思考和再认识，尽量遵守"以实用为原则，以交际为度"，培养以商科知识为基础、商务活动能力为重点的英语语言实际运用能力，强化学生商务实践能力的培养，真正使学生从"课堂学会"向"用于劳动"转化。

外因为变化提供了条件，内因就是改变的依据，外因是通过内因来发挥作用的。这样就可以实现从学校向社会过渡，让学生真正成为职场人。教师的教育理念要不断更新，不仅要有外部指导，更为关键的是教师要有自主性。教师要做好"教书育人"，就必须具备相应的素质和能力，这也是现代教师应该具备的基本素质和能力，也就是自己有文化，才有可能育人。这就要求教师要不断学习，不断更新知识，掌握最新的教学手段，才能适应时代发展对人才培养提出的新挑战。教师要跟上时代的步伐，突破思维界限，接受新思想、新理念。随着我国经济发展速度不断加快，商务英语专业人才需求数量与日俱增。商务英语是相对于普通英语而言的，是个新生事物，"商务"二字可以突出"专业知识"与"专业能力"的重要性，在人才培养目标上，同样要强调"专业特点"，教师在开展日常教学活动时，一定要注意商务英语专业人才培养目标。

二、构建合理的商务英语课程体系

（一）编纂一套权威的、系统的教材

教材是反映教学内容的主要载体，将商务英语教材和实际工作岗位局部进行了匹配，十分有必要汇编一套权威的系统性教材。努力坚持"职业能力的导向性"原则，从语言的实际应用能力上弥补不足，加入案例与实务操作。同时注重知识体系构建及教学设计，以提高教学质量。网络学习资源、多媒体及其他辅助教材能够拓展并模拟实际的工作环境，真正地围绕学生实现"课堂学的"向"用于劳动"的内容转变。

商务英语不能只用单一的教材来设置课程，商务英语知识体系内容多元化，是"英语语言教学＋商科知识教学＋商务实践教学"的综合。目前我国商务英语课程设置存在着教学内容陈旧、教学方法单一、忽视技能训练等问题。为此，有必要建构一套合理的商务英语教材体系。商务英语专业教材编写应以发展学生职业迁移能力为出发点，充分考虑社会需求，实现人才培养目标，对国内外现有商务英语教材进行仔细分析与研究，解决并处理实际存在的冲突，提高教材内容和实际工作的匹配度，体现出鲜明的职业特色，在实际工作中得到进一步的探索和提高。

编撰教材前应搜集近三年毕业生就业单位及工作方向，走访、搜集商务英语

专业人才的企业单位在该年度的招聘需求情况以及对需求发展趋势进行预测，并通过对数据分析、整理，获得社会需求情况，吸取前沿的研究成果，借鉴国内、国外教材内容，倾听学校教师关于教学内容改进的建议，获得学校管理者方面的支持，开展商务英语新教材的编撰。

（二）设计商务英语实践教学模块

当前开放大学商务英语人才培养成果与商务活动能力发展存在偏差，是商务英语教学需要进行改革的重点。在商务英语教学中引入"工学结合"教学模式可以有效提高学生商务知识和英语技能水平，并提升其综合素质。商务英语教学改革从工学结合出发，构建商务英语专业人才培养模式，要设计校内商务英语的实践教学单元，还要对校外商务英语的实践教学进行模块设计。

校内商务英语实践教学单元的设计可以从三个方面着手：第一方面是英语语言应用能力实训模块，包括学生听说读写译能力和学生语言应变能力等；第二方面是专业知识、特定应用能力实训模块，包括学生商务操作能力、商务语言运用能力、企业管理与培训能力、人力资源管理与培训能力等，将学生在学校所学到的知识与社会所需职业岗位要求相结合，从而培养出适应现代社会需要的应用型人才；第三方面是综合能力实训模块，也就是学生对英语及各种基本商务技能的熟练掌握，通过综合实训，使各个单项技能相互衔接、综合应用、融会贯通。

校外商务英语教学实践模块可以从三方面进行设计：第一是跟班实习模块，其中有学生访问、实地考察、特定商务流程跟班学习；第二是定岗实习模块，包括学生实际操作、动手能力的具体表现以及总结工作任务；第三是校企合作办学模块，其中有校企联合建设的校内"教学型"培训基地和企业校外"定岗实训"基地。

三、改革教学方法和教学手段

（一）运用多媒体、网络现代技术

当前，多媒体、网络等现代技术手段还无法有效运用于商务英语教学，还有不少学校的商务英语教学使用"粉笔加黑板"。教学方法应由单一化向多元化、趣味化转变，增强学生对商务英语学习的兴趣，教学目的和教学内容要由传授英语语法为主改为以培养学生听说读写的能力、提高交际能力为主；教学模式由单向灌输转为互动交流，使课堂教学真正实现师生之间相互沟通和相互协作。运用多媒体网络等现代教学手段，能加大课堂信息量，能够模拟实际商务情境进行商务活动实践；利用网络平台可实现师生互动和资源共享，使教师从单纯传授知识向培养创新能力转化。充分利用上述技术手段，能给学生提供大量的学习资源，营造良好的教学环境，有助于学生对学习内容的理解和印象的深化，还有助于激发学生学习积极性。

尤其是利用网络平台的现代技术手段，设置丰富学习资源，在学生间、师生间构建"多元交互"的平台，利用该方法可以很好地解决学习者在工作时间和学习时间上发生冲突这一矛盾，辅导教师采用"在线实时互动"的方式提供指导，"非在线实时交互"能帮助那些错过了学习时间的学生进行非实时自学。这些措施能有效地提高教学质量和效果。从一定程度上讲，应追求课堂由教室向网络迁移的实际效果，在可操作性方面多下点功夫。

作为教师，要引导学生摆脱自己过去不正确的学习习惯，帮助学生建立对商务英语课程学习的自信心，课堂上增强和学生之间的交流，创设情境使学生开口讲英语，增强学生的口语能力，使学生获得学习的成就感，从而调动学生学习商务英语的积极性，增强其商务英语学习兴趣。

（二）引导学生开展自主学习

商务英语的学习要让教学向个性化的学习方向发展，脱离时间和空间的限制，指导学生主动地进行自主学习。

互联网的蓬勃发展，给学生商务英语学习提供了更加宽广的平台，运用到商务英语自主学习中，可以更好地提高教学质量。因此，商务英语课程教学应充分利用网络资源来开展教学活动。网络中蕴藏着大量学习资源，教师应该指导学生通过网络来学习商务英语，教师能够为学生进行筛选、选择优秀商务英语学习资源，供学生下载学习。通过网络资源教学，使英语学习者能够更加轻松地获取知识、掌握技能，打破教育信息在传播时间、空间上的局限，给学生创造自主学习的良好环境，提供丰富、直观的语言材料。

商务英语教学中也要充分凸显学生的主体地位,用"学生是主体"来鼓励学生自主学习,努力激发学生学习的主动性与积极性,从学生实际英语水平出发,采取适合学生的个性化教学方法。此外,教师也应该积极转变角色,提高自身素质。由于开放大学的多数学生是在职成年人,从一定程度上讲,自主学习是当前教学改革的大势所趋,也是唯一出路。

商务英语教学中利用网络来激发学生视觉、听觉与想象共同参与到学习的过程中,提高学习兴趣,保证学生在各自便利的时间、场所进行学习研究活动,根据教学要求,制订自学进度计划,并能自我测验与评估。通过建立在线考试系统,对学习中出现的错误及时纠正。请专家讲座也有实际演示和各种互动交流形式,使学生能够选择合适的个性化学习方式。此外,还可以采用多种教学方法,如小组讨论法、案例分析法等来帮助学生完成任务并提高学习效果。教师缩减面授课时,引导、督促学生进行自主学习。通过网络实现对学生自主学习能力的培养,从而达到提高教学质量、改善教学效果的目的。自主学习使传统的教学模式发生了变化。

(三)灵活运用多元化教学方法和手段

商务英语教学课堂主要由教师讲授,教师使用的是"黑板加粉笔"的传统教学模式或者计算机、网络辅助教学的新颖课堂形式,这两种模式都是课堂上经常采用的,教学的性质并没有改变。在课堂教学中,师生之间主要依靠语言进行交流。利用网络,学生可以进行自主学习,但网络资源建设具有局限性,阻碍着学生自行安排学习进度,降低了学生自主学习的热情。传统课堂教学时间有限,不能满足学生的所有需求。从学生的反应来看,课下的网上学习内容和纸质课本上的基本相同,因此,这样的网络进行自主学习并没有太多意义。另外,学生在英语学习中遇到的问题不能及时得到解决,从而导致他们对知识的掌握程度下降。所以,应该让学生的学习潜能得到开发,开展有意义的自主学习,强调个性化学习,但似乎颇有难度。

理想的教学模式是"教师是主导,学生是主体"的互动式教学模式,教和学的统一才是完整意义上的教学,对于实践课教学来说意义更为重要。教师在引导学生对案例进行新知识学习的同时,也要检查学生的实际练习。学生通过自学和讨论理解相关概念和原理,然后在课堂上与教师一起分析总结。教师的讲解能贯穿整堂课，也能给学生留出练习的时间；学生则在教师指导下完成自主探究和合作交流等环节。学生不再被动地听课，而是积极主动地学习，还可在听课的同时进行操作练习。教师和学生是教学过程中两个不同层面的主体，都在教学活动中起着主导作用，同时又存在一定程度上的互动关系。教师讲授（主要讲授的角色）、学生动手操作（主要动手的角色），都是课堂主角，在课堂中真正达到互动活动的目的。

教师在实际教学中，应该及时发现学生存在的问题，从而进行个别教导，共性问题留在班上讲解。它与传统教法"教师讲述，学生倾听"相比具有明显的优越性。

不同的教学方法与手段有各自的优缺点，应根据具体情况采取合适的教学方法。通过建立在线考试系统，对课程中出现的错误要及时纠正。与此同时，利用多元化课堂活动形式进行教学，包括不限于案例、情境模拟、翻译和游戏等，融洽的学习环境促进了学生的发展。此外，在具体的实践过程中，要注意根据实际情况灵活选择合适的教学模式。

第四章 商务英语教学理论

本章主要介绍商务英语教学理论，主要从六个方面进行阐述，分别是 ESP 教学理论、图示教学理论、建构主义教学理论、语篇分析理论、人本主义教学理论以及 ESA 教学理论。

第一节 ESP 教学理论

专门用途英语（ESP：English for Specific Purpose）被认为是英语语言教学 ELT（English Language Teaching）的一个分支，同时也是应用语言学研究领域一个热门学科。作为一个新兴的学科领域，它产生于 20 世纪 60 年代后期。它的出现绝非偶然，而是社会历史发展的必然，由多种原因促成。第二次世界大战结束后，西方国家的科学技术迅猛发展、经济活动迅猛增长。世界经济空前繁荣，国际交往日益频繁。英国和美国作为全球经济大国和科技大国，促使英语成为国际交流语言。英语作为打开国际科技与经济之门的钥匙，作为最普及的交流工具激发了人们的学习热情，人们学习英语不再是为了学习而学习，不再是为了体现一定的身份、标志其具有良好的教育背景，而是出于各种自身需要进行学习，例如，进行商业交往、技术交流学术、研究等。人们学习英语具有很强的目的性和功用性，这便向英语教学提出了挑战，英语教学应提供给学习者适销对路的产品，满足他们的愿望及需求，由此，专门用途英语应运而生。

一、ESP 教学理论概述

（一）ESP 教学理论的定义

ESP（English for Specific Purposes）理论，即专门用途英语理论，起源于 20 世纪 60 年代后期，是在功能主义语言观的基础上，与某种特定职业、学科或目的相关的，如建筑英语、会计英语、计算机英语等。ESP 最早在《语言科学与语言教学》（The Linguistic Sciences and Language Teaching）一书中出现。在书中提出公务员英语、警察英语、法律人员英语、医生和护士英语、农业专家英语和工程师英语。它是以培养和提高学习者在所学专业使用英语的能力为根本目的，以专业需求为基础，以学习者为中心的实用型英语教学理论。ESP 教学的出发点就是学习者的学习目的，教学内容和教学方法是由其学习需求来决定的，教学内容往往针对特定的某一门职业而设计，不仅包含语言本身的知识，还包含学习者所学专业的知识。

（二）ESP 教学理论的特点

1. 真实的语料

在不同的语言使用情境中结合专业术语和职业背景，将不同情境分类后，再选择真实的语料。这对教师选择具有参与性和交际性的教学目标提出了更高一层的要求，同时，在使用过程中需要随时调整。合理运用真实语料进行教学，能让学生感受到学习是语言的内容，在生活中经常发生接触到生动的英语应用实例，生动而不僵硬。

2. 以学习目的为导向

ESP 教学为学生设立不同的教学情境，在特定的情境中模拟交际任务，所有的语言交际任务都是围绕相关专业知识的运用而展开的。如建筑专业的英语课程教学，课上可以模拟沟通工作现场的项目、对特定事故现场的描述、说明使用设备、准备工作会议等，课下可以让学生接触一线施工工人，了解工作过程或工作环节的细节等。教师教学的重点在于学生如何在相关的工作环境中使用英语。

3. 自我指导

自我指导反映在教学中，是教师设定好特定的情境任务，学生在教师的指导下，以教学目标为向导，自主选择学习方式进行自学。通过运用所学英语去完成任务，培养学生用英语解决问题的能力。ESP 的重点并不是指出语言本身的教学，而是利用语言实现一个确定的目标。ESP 理论除了以上三大特点外，还有两个特征：绝对特征和可变特征。其中，绝对特征有以下三点：第一，ESP 的课程设置的出发点是学习者特定的需求；第二，ESP 的教学内容与特定的学科、职业、活动有关；第三，ESP 教学要借助相关专业的教学活动进行。可变特征为以下三点：第一，ESP 教学可不限于某种语言的学习；第二，ESP 的教学方法灵活多样；第三，ESP 的教学对象不限于有无基础的学习者，对初级、中级、高级学习者都适用。

（三）ESP 理论的基本内涵

ESP 理论是形式多样、范围宽泛的教学领域，主要指与传统学科和职业相关联的英语，同时也指根据特殊需求或培养目标而设置的英语课程。这类英语课程主要以学习者的具体需求来确定相应的英语教学方法和内容。因此，在广义上，ESP 主要指与通用英语学科相对立的教学领域，是具有专业性、职业性的英语学科。要探索语言的内涵，分析语言的本质，具体可分为职业英语和学术英语两类。而 ESP 理论主要指"需求"理论，是结合 ESP 理念、内涵及发展特征所演变出来的教学理论。在 ESP 理论研究的过程中，不同的专家和学者的研究角度不同，所得出的结论也相对不同。其中最具代表性的要数 Waters 和 Hutchinson 两位学者提出的结论，他们将需求划分成学习需求和目标需求两类，其中目标需求主要指学生为"在特定情境中"掌握语言技能和知识，所形成的需求；学习需求则指学生为了掌握知识所产生的行为。而目标需求又包括想学知识、欠缺知识、必学知识等内容。其中必学知识主要指学生为完成特定工作或实现特定目标所获取的知识；欠缺知识是指学生现有的知识技能与目标之间的"差异"；至于想学知识则是学生在特殊情境下所形成的学习欲望，这种学习欲望常常与学习兴趣有紧密的联系，需要教育工作者从教学形式、内容、方法等层面进行挖掘。简而言之，ESP 理论是形成于 ESP 学科的教学理念，是以需求分析为主的教学思想，能够更好地挖掘学习者的学习需求、欲望及目标，帮助学习者提升英语学习质量。在宏观层面上，ESP 理论是 ESP 教学的重要条件，同时也是优化商务英语教学的基本抓手。

二、ESP 理论在商务英语教学中的应用

（一）课程设置

在商务英语课程设置过程中可以将 EGP 和商务英语有机结合。EGP 强调的是学习者对英语基本知识的掌握和理解，商务英语则是针对商务环境展开的专门化内容的教学。EGP 教学是帮助学习者掌握语言的各种基本技能，是语言学习的准备阶段，而商务英语教学是基础英语的应用阶段。在课程设置上应该注意 EGP 和 ESP 教学的先后顺序，应该先设置 EGP 课程，然后再对商务英语进行学习。在通常情况下，EGP 课程是面向大学低年级学生开设的，而商务英语课程则应面向高年级学生。在课程设置中，还可以根据学生的英语学习情况进行设置。对于英语基础不是很好的学生，主要还是学习 EGP 课程，在学习能力得到显著改善后再进行商务英语的学习；而对于基础比较好的学生，则应该尽快进入商务英语课程的学习中。根据学校的不同，商务英语既可以被设置为必修课，也可以作为选修课。对于普通高校，EGP 课程可以多一些，把商务英语作为选修课；对于应用型本科院校则需要尽量缩减 EGP 课程，增加商务英语课程，并将它作为必修课来设置，而国家重点建设大学应该转向不设公共英语课，学生入学后直接接受双语教学的方式。

（二）教材选编

在选编商务英语教材时，教材的内容要力求表现社会发展的最新态势，体现热点问题，融时代性、知识性、趣味性于一体。教师可以根据学生的实际情况、专业需求和时代要求来选编教材。商务英语教材的编写应该具有准确性、全面性和系统性的特点，同时教材的内容能够反映出商务活动的整个过程，并且在章节的编排上要根据商务活动的过程编写，从而使学习者通过学习能够获得一个清晰的理论框架。除此之外，还要注重与商务活动的真实场景相联系，增强商务英语教材的实用性。在教材的编写过程中，可以根据章节的内容，附上真实的英文合同或各种单据，还可以对商务领域的专业知识进行系统的阐述但不要过深过细，否则不利于学习者的掌握。课后还应配有练习题，将理论和实践有效地结合在一起。

(三)教学模式转变

在商务英语教学中,首先,要转变"翻译+专业词汇学习"的传统模式,构建新型的教学模式。要将单纯的英语基础知识传授的 EGP 教学模式转变为"英语+专业知识"的新模式,注重学生应用能力培养;要将以教师为主的灌输式教学模式转变为以学生为主、教师为辅的教学模式,注重学生的自主学习;还要将过去墨守成规的教学方式转变为运用现代科学技术和启发式教学手段的新模式。

其次,先基础,后专门化,这个基本规律在外语中是不应违背的。ESP 是 EGP 教学的延伸,所以可以采用 EGP 与 ESP 相结合的教学模式。学习者可以在第一和第二学期先进行 EGP 课程的学习,加强对英语基础知识的掌握。从第三学期开始,加强商务英语知识和商贸技能训练。

另外,为了使商务英语的学习者能把专业知识的学习与实际应用相结合,在教学过程中,还应将实训课程与岗位技能衔接起来,采用产学研用合作人才培养模式。可以尝试在校内建立国际商务模拟操作实验室,在校外建立实训、实习基地,为学生创造一个仿真的或真实的商务工作环境,通过项目化的单项训练、综合训练、校外实训实习来提高学生的综合商务技能,在实践中检验学生在校学习和训练的效果,以保证商务英语实践教学模式的顺利实施。

第二节 图式教学理论

一、图式教学理论概述

在认知心理学的观点中,人们在认知某种事物时,会基于对同一类客体或活动的基本结构的信息,以一种较为抽象的形式对这件事物有所概括,这样一来就会形成一种思维框图,这就是所谓的"图式"。本节将要阐述的图式是一种和知识相关的认知模式,具体的含义是知识在头脑中的呈现形态和留存方式,这些方式都是围绕着某一特定主题而形成的。直白地说,就是每个个体如何在记忆中长久保留以往学习和积累的知识。图式反映了人的大脑会针对人以往的经验做出反应,并积极地加以组织的机制,体现出了学习者借助新信息来充实自身的知识存储的过程。而图式理论则将知识的表征方式作为主要研究对象，包括某种类型的知识在不同的个体脑中的表征特点，以及这种表征具体怎样在个体应用知识的过程中发挥作用。

（一）图式教学理论的提出

1. 图式

18世纪，德国著名哲学家康德（Immanuel Kant）最先在自己的著作《纯粹理性批判》中提出了"图式"（Schema）这一概念，不过在该著作中，论述图式的篇幅非常有限。在康德早年的大部分研究中，学术界也并未过多关注图式理论。但是黑格尔却对于图式论给予了很高的评价，将其称作"康德哲学中最美丽的方面"。后来，海德格尔在《康德与形而上学问题》中高度重视图式理论，将其作为一种为存在论奠定的认识基础。而在法兰克福学派的理论中，图式也是占有相当比重的概念。

康德论点的中心是：唯有和个人已经掌握的信息有一定程度的关联，才能说概念是拥有意义的。20世纪20年代，英国格式塔心理学家巴特利特（Bartlet）对图式的概念进行了拓展，并将其应用在自己的研究中，巴特利特对图式的定义是"根据过去的经验而形成的知识结构"。20世纪六七十年代，随着现代心理学的发展和对人认知需求的增长，产生了认知心理学这一独立学科，在该学科理论的推动下，图式的概念获得了充实，理论得到了进一步的发展和更新。美国认知心理学家鲁姆哈特（Rumelhart）对图式的定义是"认知的构建组块"，认为人脑中的信息加工必须借助图式的作用才能实现；英国心理学家库克（Christopher C.H.Cook）则认为图式的本质是人脑中已经存在的知识或认知背景；而英国语言学家魏道森（Widdowson）的基本理论是：储存在长期记忆中并管理信息的认知框架，这就是所谓的图式。

按照认知心理学的观点，图式的主要功能大致包括三种：改变人们对当下接收的信息的关注和思考，引导人们根据已知信息设想和推测其他信息，在信息之间实现迁移。也就是说，只要能够激活与接触信息有关的图式，就可以在处理信息时获得用以阐释信息内容的辅助性知识，使信息接收者不至于被完全限定给定的信息范围内，能借助图式的作用进一步预测和推理。

结合上述理论，用更通俗的方式来描述图式的性质：它能够在某种抽象的概念和感知对象之前起到纽带的作用，帮助感知对象理解和发散信息。比方，根据"电脑"这一图式，人们不仅会想象到真实的电脑的外形与结构，还会考虑其收发和处理信息、浏览网页、展示多媒体文件、网上交流等功能，并将这些内容联系在一起。这一过程反映的就是人们在图式构建法的引导下理解电脑这个概念的经过。

2. 图式阅读

鲁梅哈特（D.E.Rumelhart）于20世纪70年代末进行了许多与图式相关的试验研究，并根据研究的结果整理出了一套系统的观念。鲁梅哈特由此成为第一个发展图式完整理论的学者，他的论点一经发表，很快便在学术界获得广泛支持和回应。自正式面世之后，许多学者都在不断研究和发展图式理论，使其内容持续得到充实与完善。图式理论的核心论点是：如果读者希望深入理解语言材料的内容，就需要把符合这些内容、留存在脑中的图式（包括背景行的知识以及抽象的知识结构）与文本材料信息联系起来，让二者实现有机结合。假如没有合适的图式，就很难实现信息的全部理解。图式阅读理论指出，语言图式、内容图式和形式图式共同影响着学习者的阅读能力，这三种图式会干涉学习者对文章的语言、内容与表现形式的接受和理解，在这几方面的内容之间相互协调，产生交互作用，逐渐帮助学习者理解和记忆语篇。

（1）语言图式

语言图式的内容包括一定量的词汇以及句法知识，它反映了读者在处理阅读材料、接触语言方面的掌握能力。在各种图式当中，语言图式发挥着基础性的作用，读者如果失去语言图式的协助，就很难理解文章中字词句的含义，无从把握深层次的信息与行文线索，这些影响会使文章的理解质量大打折扣。

①增长词汇知识。任何读者阅读文章都要从理解词汇含义开始，对词汇的意义产生表征印象。读者一旦接触到某个词的意义以及在语句文章中的用法，就会产生一系列与之有关的词与概念的联想，"理解"就是在这种概念的作用下产生和发展的。比方，读者在阅读的过程中看到了一个生词，如 maladjustment，如果

知识储备中存在一定的英语构词法的图式，就可以比较顺利地猜测这个单词的含义。有一定词汇学常识就可看出，在这个非常长的单词中，mal 是一个前缀，有"错误，负面"的含义，至于 adjustment 是一个比较常见的单词，有"调整"的意思，综合英语表达习惯，这个生词的意思应该是"失调"。

对于英语学习者（尤其是稍有经验者）来说，构词法是一个用来扩大词汇量和理解生词的好办法，而且能在阅读理解中发挥明显的作用，帮助学生提升阅读的效率，达到事半功倍的效果。

②增进对句子的理解。很多人在面对阅读理解中的长句时束手无策，不知从何下手，无法看出句子的结构和逻辑。但是，如果掌握了准确的语法手段，按照有序齐整的顺序剖析句子，再长再难的句子也能拆分为一个个简单明了的短句，从而理解全意。通常情况下，读者可以直接理解一些结构较短、词汇量少的句子，不必过多地考虑句子的语法结构，但是如果句子句式复杂且成分繁多，就无法凭经验和直觉猜测句意了，这时必须借助语法分解和探究整个句子，具体的方向包括不同词语在句子中体现的关联、组成句子的各种意群的内在关系，以及分句的结构和逻辑关系。因为英语句子的主体框架是由主句建立起来的，形成的本质上是一个主谓核心结构，因此，要理解句意就要先剖析作为其核心所在的主语和谓语，唯有了解了这两个基础要素才能把握句子的关键。很多类型的文章中都会出现长句，如描写人文故事的议论文和普及科技理念的说明文，这些长句都各有其作用，如果不能发现句子的主语和谓语，就很难全面地把握整个句子的含义。

（2）内容图式

内容图式的关联要素主要是文章的内容和语体（topic，大致可以理解为运用性语言的常用词汇、句式结构、修辞手段等的特点），从这一图式中可以发现语境对于读者意识的照应和关联。在阅读理解的过程中，内容图式发挥着极其关键的作用。一系列关于人类语言的研究表明，如果读者比较熟悉阅读对象的主题和内容，那么不管对象的语言是母语还是外语，读者都可以较快且比较深入地掌握内容的主题，效果明显强于其他对同一内容不甚熟悉的读者。此外，读者对文本的解释逻辑和理解方式同样受到内容图式的影响。我们可以通过一个现实的例子理解这一理论：1976 年，美国心理学家安德森（R.C.Anderson）做了一个试验，他让学习不同专业的大学生同时阅读同一段内容,然后让这些大学生各自阐述自己对文章的理解。这个试验的结果是:每个专业的学生都对内容产生了完全不同的理解。在体育系的学生看来,文章中的主角和自己有些相似,是一位正在进行激烈比赛的摔跤选手;在教育心理学专业的学生眼中,文章的主角甚至失去了正面形象,变成了一个正试图畏罪潜逃的罪犯。这种现象的成因在于不同专业的学生在经历了不同的教育之后,构建了各有区别的内容图式,这些图式让他们对于同一个文本给出了不同的理解和诠释。

从这个试验中,我们不难发现内容图式对于阅读理解的决定性意义。一个人拥有的内容图式结构会影响到他对所有文本内容的理解方式。

(3)形式图式

形式图式包括所有和文本结构以及修辞方法相关的图式,也就是那些关于文本组建结构的知识。这些知识在读者理解文本的过程和尝试中也发挥着十分重要的作用,主要体现在引导读者推测和延伸文本内容的方面:比方,不同的信息在文本中彼此连接和产生关联的方式、文章作者安排细节的顺序等。通常的形式图式都会根据文本类型的区别而发生改变。举例说明,读者A想要阅读一篇纪实文学,读者B想要阅读一部古代史诗,读者C想要阅读一篇实时新闻报道,那么这三个读者都会从自己的阅读期望出发,构建不同形式的图式。纪实文学会本着实事求是、逻辑清晰的原则组织,大致按照介绍纪实对象、描写对象现状或经历、总结对象整体情况的顺序安排文本(可能稍微调整个中顺序);史诗故事则基本全部按照主角生平的顺序展开,先后介绍主人公的出身背景、成长经历、冒险壮举、身后归宿,简而言之就是"人的一生"(自然顺序);新闻报道则要准确地介绍事件关键人物、事件发生时间、具体发生地点、事件的起因、经过和结果等,必要时还需要预测事件未来可能的走向和带来的影响。

无论文本本身内容如何,读者对其的印象和信息分析的难易程度,都会受到两方面能力的影响:认识文本结构的能力以及借助文本采用的修辞结构去推测其他关联信息的能力。在阅读实践当中,如果读者拥有十分成熟的形式图式,就能明显比阅读同一文本的其他人更加轻松,体现更高的阅读效率。从本质上来说,形式图式就是文体与语篇知识的组合,它的构成要素兼含文本的形式和文本的功能知识。

（二）图式理论与阅读理解的关系

不管文本的形式是口头表达还是书面文字，从图式理论的观点来看，它们本身单独存在时都是没有意义的。所有文本的意义都来源于读者的认知和理解，而这种理解又来源于读者脑内图式的运行与影响作用。图式的控制结构（或者说基本的活动方式）分为两种：一种是由下到上（bottom-up）的资料驱动加工（date drive process），另一种是由上到下（top-down）的概念驱动加工（concept drive process）。在图式理论的观点当中，前述的两种运作形式是同时发生于文章理解的过程中的，而且贯穿理解的每一个层次。相关研究结果表明，在图式结构发挥作用的过程中，输入的资料会以一种关联信息的形式补充图式中的缺失，而如果这种资料所提供的信息符合读者的图式知识或从图式知识衍生的推测和预想，则二者就能够借助由上到下的概念驱动逐渐实现趋同化；但如果输入的资料和预测并不相符，读者也会在由下到上的运作过程中产生即时的反应。举例说明：对于结婚时的"三大件"，经历过 20 世纪 60 年代至 80 年代生活的人都很清楚它指的是什么，而对于成长于 21 世纪的年轻人就没有什么概念了。这是因为相较后者而言，前者因为自身的独特经历，对于该概念拥有详细图式。

再以一些特殊题材的小说为例：一些科技术语较多、逻辑缜密的科幻小说会使不了解相关知识的读者在阅读时如坠雾中，难以体会个中的妙处。

从上面这些例子中，我们可以发现，所谓的"理解"，本质上来说就是读者借助头脑中存在的图式，尝试同语言资料所展示的信息之间建立联系，让二者相互影响的经过。如果读者所拥有的图式能够和呈现在其面前的语言材料含有的信息产生一定的关联，就表示读者能够理解文本作者所希望表达的意义，这样一来，读者与作者相互交流的目的也就达到了。不然，就应当视作阅读理解的失败。

（三）学生在英语阅读学习中的困惑

在我国多年来的英语教学实践当中，有很多教师（不管是不是了解图式理论，有没有接受过相关的系统性指导）都能够认识到图式在语言学习中发挥的重要作用。如果一味地将教学精力用在讲授和分析词、句和语法知识上，却不关注内容图式的作用，不帮助学生理解语言的意义，不介绍语言背后的文化背景因素，就难以使学生建立起外语的思维逻辑；还有一部分教师在课堂上缺少合理的阅读教学规划，没有在事先帮助学生建立和文章内容相关的背景知识结构，这些对培养和提高学生的阅读能力来说都是不利的。

举例说明："This man often Uncle Tommed his boss."虽然每个词都不难理解，句式结构也很简单，但对于缺乏英语典故知识的学生来说，这个句子的意思仍然不甚清晰。该句中的谓语动词 Uncle Tommed 是一个约定俗成的说法，来自著名的小说《汤姆叔叔的小屋》，它最初的意思就是小说主人公形象的衍生，指的是逆来顺受、对别人卑躬屈膝的人，后来泛指"逆来顺受""卑躬屈膝"（的行为）。所以这句话的意思其实是：这个人经常对他的老板阿谀奉承。

再比如："Sometimes a person who presents himself as kind and gentle can in private turn out to be a dragon, who breathes fire."不了解西方文化传统的中国人可能很难理解这个句子，和蔼可亲的人和喷火的龙有什么关系呢？而在西方的传统观念中，龙是邪恶与凶猛的象征，所以这句话是说，在公开场合表现得温文尔雅的好好先生，私下里很有可能是个凶神恶煞的人。

再比如："I looked deep into the cloister, where there was a lone maiden."不同的人在不同的环境和场合中阅读这个句子，会产生许多不同的感受和理解。一般人读了这个句子也许会想，这是一个什么地方的回廊呢？这个少女为什么是孤身一人呢？她有没有注意到"我"呢？在校的学生读到这个句子时，会觉得这是一个十分普通的校园场景；一些文艺工作者（如画师、作家和歌手）读到这个句子，可能产生一种联想性质的审美感受，认为这是一个梦幻的、引人遐想的场面；而在阴暗寂静的环境中读到这样的句子，又可能使人产生一种诡异突兀、无法细究的感觉。

读者对同一语言内容的理解和感受，无一例外都会受到个人生活经历以及思维模式中对事物固有的内容图式的影响。我们认为，假如读者脑中没有针对某些方面信息的内容图式，那么即使拥有语言图式，也不可能接触文本的本质含义。因此，对于背景知识的传授，英语教师应当给予足够的重视，为学生营造一种"认识的氛围"，帮助学生建立更加完善的内容图式。

类似的情况和问题同样经常出现在英语阅读教学实践中，比如，学生在阅读理解时，虽然能够看懂文章的字面意思，也没有遇到非常生僻的词汇，然而依然无法深入地掌握文章的行文思路，没有理解作者的写作意图。这种问题的成因大致可以归纳为以下三种：

第一，读者的知识和认知储备中没有与文章意义有关联的内容图式。

第二，虽然读者已经拥有了符合文章内容的图式，然而作者在文中展示的信息比较有限，尚不能激活读者的图式。

第三，读者以为自己理解了文章，但实际上曲解了作者的真正用意，或者没有发现文章的深层含义。

另外，虽然读者也具备和文章内容有关的图式，作者也在文章中提供了足够的信息和线索以供读者理解意义，然而读者自身的语言知识储备不足，语言功底不扎实，因此没能发挥出作者所提供的信息的作用，也无法让自己脑内有关的图式产生刺激效果。

二、图式教学理论在商务英语教学中的应用

（一）帮助学生建立丰富的语言图式

语言中的词汇、句法和语用方面的知识都包含在语言图式的范畴中，它体现的是语言使用者所具有的最基础的语言能力。语言承载着日常生活中的大部分交际，而如果它失去了语言图式的支持，就不再具备传达信息的能力，人们也就无法自由地交流对话了。

商务英语为了满足配合商业活动的需要，应当具备三个特点：时效性、再生性和简洁性。在商务英语的教学实践中，教师可以借助许多方式帮助学生提高自己，如增加日常阅读量、强化学生的词汇记忆和句法分析能力等技巧、充实学生的语言能力内容、拓展语言学习的方向、鼓励发散性和拓展性思维、锻炼学生的即时理解能力和情况预判能力等。

商务英语阅读具有十分突出的语言图式的特点，主要通过商务措辞和句法的特点反映出来。这当中词汇的特点尤其明显，因为任何语言的基本构成要素都是词汇，一种语言的风格仅从词汇就可以判断出来。所以，如果想充分把握商务英

语的特征，就应该先积累一定总数的商务词汇量并充分掌握每一个词的用法。

商务英语词汇主要有三个特点：严谨精确、术语多、古语词的借用。

商务英语词汇很多都需要为具有法律效力的文件服务，所以以书面词汇为主，形式规范、表意严谨、简洁干练、格式规范。

为了保证用语指向的明确性，商务活动中存在许多专业术语，这些专业词汇的使用目的都是准确地反映某个确定的概念，而且其内涵和外延信息都十分可观。专业术语的普遍特征是系统性、单义性、多义性和排斥歧义。

一般情况下，用来表达专业术语的词汇都是确定的。

商务英语中存在许多"通用"的词汇，这些词在普通英语中有一种意思，而在商务活动中又会表达某种（和本义有一定关联的）特殊商务含义。举例说明："break"在普通英语中是一个非常常见的词，它的基本意义是"打破，损坏"，但这个词在商务英语中有一个独特的含义："暴跌"。

一词多义在商务英语词汇的应用中也是一个十分频繁的现象。在不同的使用背景下，同一个词汇有可能表达不同的含义。举例说明："The property was pledged as security for loans.（房地产被作为贷款抵押）""Security"在这个句子中是"担保品，抵押品"的意思，而在"The Fed established new lending programs, and approved large purchases of government securities and mortgage-related securities.（美联储建立了新的放款计划，并批准大量购买政府有价证券和抵押相关的证券）"这个句子中，它则是"证券、债券"的意思。再比如，在"The firm barely covers its costs; it hasn't made a profit for years.（该公司几乎入不敷出，多年未有盈利）"一句中"cover"（这也是一个普通英语中的常用词）是"支付"的意思，在"Are you fully covered against fire and theft?（你可支付了足够的火灾险和盗窃险）"一句中，它指的是"投保"。

商务英语为了表达方式的简洁快速，经常使用许多缩写词和专业术语。因为许多商务英语用语为了传达特定含义，需要由一大串词汇组合而成，但商务活动往往要求参与者节省时间、表达干练，因此人们不得不为这些特定表达制造专门的缩写词，并广泛应用在商业活动中。比如我们常说的 B2B 的全称是 Business to Business，指的是不同公司之间的业务活动；D/D 的全称是 Delivered at Docks，指"码头交货";FDI 的全称是 Foreign Direct Investment,也就是"外商直接投资"。一些商业常用对话也有对应的缩写,如 FYI 是"跟你说一下"(for your information)的意思,ASAP 是 As Soon As Possible 的缩写,即"越快越好"(有很强的急迫感情)。有些商业邮件的末尾会加上"RSVP"来表示"收到请回复",这并不是英语,而是法语 Répondez s'il vous plait 的缩写。总之,如果不了解这些专用的缩写含义,在处理商务英语阅读时学生会遇到许多难题。

商务英语的应用场景中有许多正规、严肃的场合,在这些场合下,为了规范参与者的言行,人们会使用一些在其他领域已经很少出现的古语词,使商业活动增添更多仪式感。从这类习惯里,我们也可以感受到西方人重视程序(尤其是在公共事务中)的观念特点。一般来说,商务合同、法律条文等都会使用一些相应的古语词。

商务英语的句式具有非常突出的、明显不同于其他文体的句法特点,但是这种句式往往会让许多初学者产生误解,将时间经常耗费在句式分析和理解上。要想减少这种情况,学生首要应当理解商务英语句式特点的成因:为了较为清楚和全面地表达信息,商务文件和相关文章会使用许多有着复杂的句式结构和冗长从句的长句子,构成句子的成分很多,不过如果多阅读商务文献就会发现,这些长句都有着大致固定的句式结构,只是包含的从句和短语等表示说明以及限定的成分比较烦琐。某些情况下,文章的某一段落甚至仅是一个句子构成的,可见这些句子所容纳的商务信息之繁多细致。

商务英语的语法特点也比较明显,商业信息文章的风格都比较直截了当、不可冗长烦琐,因此也不会使用过多复杂的语法项目,如倒装句、虚拟语气等。

1.猜词策略构建

几乎所有的语言学习者都不能避免猜词这一学习环节。有些学生的英语语感比较强,擅长在阅读理解中猜词。在碰到生词时,不会急于求助词典,而是先会借助自己已有的知识储备和语言经验来尝试猜测该词在文章中的大致意思,之后再和词典上的解释进行对比,检验自己的猜词能力如何。这种积极尝试的意义是多方面的,不但可以使学习者更熟练、更充分地掌握新单词,而且猜词的过程能够激发大脑的联想和推理功能,帮助学习者温习原先掌握的词汇,因为猜词的基础主要是大脑中已存储的语言知识，以及其他各种知识信息和逻辑能力，主要的动力来源是大脑对知识的长时间记忆功能。教师应当重视对学生猜词能力的培养，在开展阅读教学实践时专门安排相对应的任务，在课文中找到一些比较有代表性的生词，引导学生猜测它的含义，逐渐培养学生的猜词习惯，训练和提升猜词能力。许多语言研究的结果表明，学习者如果能充分地发挥猜词技巧的作用，就能在付出极低成本的前提下掌握许多生词。

2.巧妙处理生僻词

商务英语因其独特的性质、要求和应用场合而包含有大量专有词汇，因此商务英语阅读的初学者可以说面临着数量庞大的生僻词。根据相关统计，这些生僻词的总数达到10万以上，更不用说那些在商务英语中拥有特殊含义的常见词汇和一词多义的情况了。然而，这些生僻词的出现频率又并不高，每一个词可能只会在半数以上的词汇学习者面前出现一次或两次。就这一现象，英国有语言学家专门进行过调查研究，共分析了50篇商务英语文章。根据调查结果，这些文章中有56%到80%的单词只出现了一次，而如果将统计范围扩大到100万个乃至更多的单词，仍然有四成单词只会出现一次。显然，在处理这类词汇时，读者不必耗费太多时间查阅词典或请教他人，这时就需要用到猜词的技巧，借助诸如同义、比较、寻例、释义、再诠释、下定义、同位语等策略，结合生词所处的上下文语境来推测它的词义。

3.语境分析法

语言学界有一种得到广泛认同的观点：要想使一个词语体现生命力，就必须让它归属某个特定的或宽泛的语言环境，这样词语才能充分显示自身的意义，方便语言学习者记忆其含义、掌握其用法。所以，学生在学习词汇时，不仅应当记住词的拼写和含义，更应该详细了解它的具体使用环境。如果没有充分分析词语的使用语境，就很难准确地把握词的含义。举例说明：在"Please send me any literature you have on camping holidays in National Park."这个句子中，"literature"的含义比较难以理解，教师也可以在分析这个句子时安排相应的教学任务，让学生猜测"chances"的具体含义。显然，这个词在这里完全按照它的一般含义"文学"来理解是讲不通的，根据上下文的表达，结合这个句子出现的"camping（野营）""holidays（假日）""National Park（国家公园）"，读者应尽可能调用现有知识中旅游产业的相关信息，可判断出"literature"也是一个专业性词语。按照其本义，在这里应该指的是旅游景点下发的介绍手册或景区说明之类的宣传材料。

有些缩写也有许多含义。如"With the exception of late delivery or non-delivery due to 'Force Majeure' causes, we can assure you of TOD according to schedule."这个句子中的TOD，它有许多含义，如交货时间（time of delivery）、发运时间（time of departure）、技术目标文件（Technical Objective Documents）、总需氧量（Total Oxygen Demand）、今天（today）等。但原句的关键词是delivery，所以只有"交货时间"的解释符合句意，整个句子的意思是"除因不可抗力所致迟交货或不能交货外，我方可向您保证按规定日程交货。"

4. 掌握句法特征，学会分析长难句

许多商务主题的文章都会包含许多长难句，这些句子的主要句法特征就是冗杂的附加成分和复杂的语法结构。想要解决这些句式的解读困难问题，教师应当在教学实践中有意识地安排和融入以实例为主的设计任务，将语法结构分析作为突破点，帮助学生建立起具有整体性的阅读思维，采用分析句子成分的方法，在面对长难句时首先判定主语、谓语、宾语等主干成分，之后再根据这些成分来找出插入语、定语等辅助修饰的成分，让学生获得比较充实的语法图式。

（二）帮助学生建立丰富的内容图式

语言使用者对所阅读文本主旨的把握能力就是其内容图式的主要成分。商务英语文本的形式有许多种类，其中主要有询盘、发盘与报盘、信函和合同等。教师可在教学实践中尝试模块教学的方法，突出教学的主题和方向，让学生对于特定内容的掌握更为熟练和深入，并不断地接受新的知识。在这个过程中，教师可以协助学生建立起自己的商务知识图式，开展"由上到下"和"由下到上"两种交替型知识习得策略，突出商务英语学习的针对性和有效性。此外，还要让学生了解熟悉英语国家的文化传统和民俗观念，增强学生的跨文化认知意识，在课堂上介绍一些英语国家的文化常识（如历史沿袭、地理环境、人文景观、风俗习惯、饮食特点和企业文化等），拓展学生的认知背景、思维空间和想象领域，逐渐扩张学生的知识范围。商务英语阅读的内容图式有很多不同于其他知识图式的特点，而这些特点的主要来源之一就是各个国家和地区所拥有的文化习惯和商业活动的特殊性。

（三）帮助学生建立丰富的形式图式

形式图式主要由信息文本的主题和文本篇章的结构知识构成，它的核心在于充分把握文章的整体构架和行文逻辑。在商务英语中，商务文件、合同、信件、会议报告和总结、说明性文书等文体占有十分重要的地位，所以，语篇也应当成为教学过程中的主要语义单位。学生可以在分析和提炼所阅读的语篇的特点、归纳文章结构特征、理清逻辑顺序的实践中不断熟悉和掌握各种各样的文章题材以及对应的阅读技巧，通过阅读多种模式的文体逐渐增强自己阅读理解的能力。

商务活动中的英语阅读材料并不像其他主题下的文本那样有较强的随性特征，它的种类整体而言是比较稳定的。而对于普通人来说，日常生活中最经常接触的商务文本材料大致包括外贸单据、国外商务报刊和信件等。这些材料的语言结构都比较稳定一致，并且对商务英语阅读形式图式形成了较强的影响。商务英语阅读的形式图式的种类总数并不算多，文章的格式也是确定的，所以这些字面因素都不会过分影响阅读的体验。学习者只要在这些结构图式上具备足够的积累，并通过阅读来激活图式，就可以实现协助阅读理解的目的。

教师在教学实践中可以把"任务设计"作为课堂组织的方向，通过"整体式"的阅读法来协助学生逐渐建立思维中的形式图式。所谓的"整体式"阅读法，就是将阅读本身视作一个整体，重点分析文章的文本内容、整体层次逻辑、行文方法，从而获得文章希望表达的主要信息。整体式阅读法的两种基本方式就是体裁分析法和篇章结构分析法两种。

1. 体裁分析法

该方法要求学习者从文章的体裁特点出发，分析文章的结构规划和行文风格。目前，广泛使用的商务英语教程中有《Japanese Style of Management》一课，在该课文的教学中，教师就可以根据体裁分析法，安排一些与课文相照应的思考任务，让学生在阅读题目后首先分析该文章的体裁。而理想情况下，学生应当借助商务类文章体裁类型的图式知识很快做出分析，得到的结论是该文章的体裁类型为分析评论型，这类文章往往按照陈述现象、寻找原因、分析矛盾、阐述观点、最后升华主旨的顺序来安排文章结构，其中，作者的看法以及升华部分是文章的主旨。一旦激活了大脑中与此类体裁相关的形式结构，学生就能够在阅读的过程中从头到尾地预判和构想文章接下来的内容，最后得以证实：该文章的结构确实和自己的推测大体一致。

2. 篇章结构分析法

（1）语篇结构导入

在课堂上，教师可以规划和安排诸如让学生总结文章主旨、分析作者的写作目的、解读作者情感态度等阅读总结类的教学任务，让学生充分发挥"略读"策略的作用，引导学生借助文章的结构来分析主题思想，并提出"what，who，where，when，why"的疑问句，让学生带着问题阅读文章，在分析文章内容的过程中找出答案，并把握每一个含有关键信息的细节内容，这种方法能较为有效地激活学生头脑中的图式系统，借助已经建立的知识结构从整体的角度分析和解读文章。

（2）篇章内部照应

指导学生在短时间内看完目标文章的开头和结尾部分内容，简单阅读各段的首句和末句，并找出每个段落的中心句，这样就可以大致了解作者的思维模式，由此得出段落大意，总结文章的中心观点。

（3）衔接手段导入

启发学生关注在文章中引导行文逻辑的连接词，比如表转折的 while、on the contrary、at the same time、nevertheless，表递进的 besides、in addition，表因果关系的 hence、due to、owing to 等，在一般的文章中，这些词语都可以视为暗示比较重要的内容的标志性词汇，如果要把握文章主旨，就需要尤其给予关注。

商务英语阅读的过程包含了许多方向和种类的语言知识，包括词汇、语法、句式、语义内容、背景文化、商务习惯常识等，这些因素之间存在着相互影响、共同发挥作用的关系，体现出商务文本作者复杂的心理语言活动过程。所以要想切实理解阅读对象的各方面内容，就应当充分调动三种图式知识才能促成对阅读材料的真正理解。在商务英语教学实践中，教师可以将图式理论作为基础，凭借科学的教学模式来安排符合教学任务的充实的图式，由此让学生获得更为高效和准确的阅读技巧，让他们在处理不同的文章体裁时能够调动与之相对应的阅读策略，建立起能和文章内容产生关联的阅读图式，最终实现阅读能力的强化和阅读效率的提升，让教学的过程更加高效，达到理想的效果。

第三节 建构主义教学理论

一、建构主义理论概述

皮亚杰和维果茨基是20世纪最早研究建构主义学习方式的两位心理学家。"图式""同化""顺化""平衡"是该理论的几个重要概念。皮亚杰关于建构主义的基本观点是：学习是一种双向交互作用的成果，一个人的原有知识与新接收到的信息之间出现的非"平衡"情况是学习发生的前提，当新的信息与个人原有知识之间的交互作用以"同化"或"顺应"的过程方式进行时，学习便发生了，而作为学习的结果或是原有的认知"图式"（schema）得到充实或是认知图式被构建了新的内容。

维果茨基提出了"最近发展区"概念和"文化——历史发展"理论。他认为，个体的学习是在一定社会文化背景与历史背景下进行的，因此，对于个体学习发展而言，社会能够起到关键的促进作用、重要的支持作用。在个体自我的可能发展水平和与人协作并受到他人指导的可能发展水平之间，有着某种差距，而"最近发展区"就是这种差异的定义。

和维果茨基的"最近发展区""文化—历史发展"理论一样，皮亚杰的个人建构理论也是建构主义的主要理论基础。以建构主义理论为基础的教学观具有其核心内涵，即对"学"进行强调。这种教学观对"以学生为中心"予以强调，同时也强调学生对知识的主动探索、建构。相较于对"教"进行强调，将教师作为教学中心的传统教学观，以建构主义理论为基础的教学观与之有着本质区别。同时，辩论教学、任务型教学也以建构主义理论为基础。基于建构主义理论的任务型语言教学认为，学习过程应当蕴含真实的个人意义，对外语教师提出要求，其必须懂得如何促进学习者健康人格的发展、积极情感因素的发展、学习能力的发展乃至全面发展。

身为一种新教学理论，建构主义从20世纪末起就受到很多关注。建构主义理论主张学习并非从外部简单地转移、传递到内部，想让教育真正卓有成效，必须以学习者的真正理解为基础。对于学习者来说，学习是其主动对内部心理表征进行建构的过程，在一定情境中，学习者借助他人帮助，对必要的学习资料进行利用，通过意义建构对知识进行获取，对解决问题的方法与程序加以掌握，对认知结构进行完善、优化，让自身得到更多发展。

建构主义学习理论认为，学习有四大必需要素，分别为"环境""任务""学生""教师"。对学生是认知的主体这一理念进行强调，认为学生应当充分认识到，在问题解决方面，自己掌握自主权，从而利用合作学习、独立探究等方式，尽可能让自己成为知识的积极建构者，一步步实现自控能力的提升，实现自主学习的强化，打下良好基础，培养终身学习习惯。当然，建构主义学习理论也未忽视教师的指导作用。该理论认为，在意义建构过程中，教师扮演着评价者、引路人、支持者、促进者、帮助者的角色，应当给学生创造良好的学习情境，给他们提供多样化的信息来源。从中我们可以认识到，唯有基于学习者的真正理解，才能让教育真见成效。

二、建构主义理论在商务英语教学中的应用

（一）在问题的解决过程中培养学生自主学习能力

建构主义极为强调"在问题解决中学习"。心理学研究也得出如下结论，对于思维而言，问题既是起点，也是动力源泉。所以，教师在商务英语课堂教学中，应当对学生思维的积极性予以激发，对其问题意识进行培养。除此之外，教师应当立足商务英语教学内容与要求，对各种素材进行挖掘，将真实的问题情境创设而出，一方面，对学生进行引导、鼓励，使之能够多层面、多角度对问题进行深入探索；另一方面，让学生能够在真实情境中对所学知识加以应用，从实践中切

实解决问题，这对商务英语学科而言是非常重要的。

设疑、质疑、释疑的过程，其实就是学习的过程，同时，也是让学生懂得如何学习，实现使自身学习能力提升的过程，是对学生实践能力、创新能力进行培养的过程。简而言之，对问题进行解决的过程，就是学生学会学习的过程。教师要对学生进行引导、培养，使其能够从不同角度对问题进行思考、判断，最终予以解决，真正在解决问题的过程中学会学习与创新。

（二）以合作学习为主要策略

在建构主义教学过程中，学生的学习不像传统教学观认为的那样，是一种比较"孤立"的个人竞争行为，而是通过师生之间、生生之间的相互合作逐渐完成的。在教师的指导帮助下，学生从这种相互作用中主动开发自己的思维品质，并完成自己知识意义上的建构。即教学过程是在师生交往互动的过程中完成的。从活动的角度看，教学过程是教师和学生、学生和学生相互作用、相互影响的结果。在教学过程中，每一个要素都会产生一定的力，但最终导致教学效果的力并不是各要素之力的简单相加，而是各要素间互相配合，互相促进，从而产生一种"合力"，取得最佳的教学效果。

第四节　语篇分析理论

一、语篇分析理论概述

语篇理论并不是一个新兴的理论，从 20 世纪 60 年代至今，它在外语教学中已经得到了广泛的应用。20 世纪 80 年代中期，国外的一些语言学家提出了语篇教学大纲的设想。很多国内的语言学家将它应用于英语教学的许多方面，这符合《大学英语教学大纲》中规定的"不仅要重视句子水平的训练，还要快速、逐步发展在语篇水平上进行交际的能力"的原则。外语教学不能仅局限于教授词汇、句子，而应该注意培养学生语篇分析的能力。近年来，随着英语四六级考试题型发生的变化，大学英语教学的侧重点更是向语篇分析能力方面倾斜。语言不是存在于零散的词或句中，而是存在于语篇中。从而，我们得出一个结论：语篇教学的重点应具体地放在语篇水平的意义连贯形式也称意连的处理上。

何谓语篇分析？不同的语言派别有着不同解释。虽然分别有过"话语语言学""篇章语法""篇章结构学""超句语言学"等术语，但是各派都有一个共同之处，那就是都把分析的对象从互不相关的单句扩展到意思连贯的语段。

目前"语篇分析"基本上取代了其他的术语。它是指对比句子更长，以交际为目的的语言段落（包括口头话语和书面语）所作的语言及交际功能的分析，旨在找出带有相似语境的话语系列，并确定其分布规律。换句话说，语篇分析就是分析一段话或文章以及说话的场合（语境）和文章的语言结构、文化特征、交际方式及语境特征。那么，如何将语篇分析这一方法应用于商务英语的具体教学当中呢？接下来将具体阐述语篇分析理论在商务英语教学中的应用情况。

二、语篇分析理论在商务英语教学中的应用

（一）商务英语的语篇特点

根据学者研究，可以从以下三个方面界定商务英语语篇：第一，目的性。任何商务语篇最重要的特征是强烈的目的性。语言被用来达成某项目的、顺利完成商务交易，例如建立贸易关系、作商业汇报等。第二，社会性。商务英语语篇常常涉及众多跨文化交际场景，需要一种约定俗成的方式让来自不同文化背景的人相处融洽，在短时间可高效地完成各种交际。所以，商务英语语篇非常仪式化和程式化的语言广泛应用于交际场景，比如问候和介绍等。第三，清晰感。商务英语偏好使用清晰、富有逻辑性的语言来降低交际中的误解，例如 as a result，for this reason，in order to 等。

（二）语篇分析理论在商务英语听力教学中的应用

利用语篇分析理论帮助克服英语听力障碍，进而提高商务英语听力教学，主要是依据韩礼德（M.A.K.Halliday）的功能语法中的第三种纯理论功能为理论基

础的。语篇功能指的是人们在使用语言时怎样把信息组织好，同时表明一条信息与其他信息之间的关系，而且还显示信息的传递与发话者所处的交际语境之间的关系。一定的语篇有其一定的语篇结构，它是该语篇的整体构造，而这一构造是由与构成该语篇的实际情境相关的语境变元组成。同一类的语篇结构具有大致相同的语境变元。比较常见的有关"打电话"的会话中通常包含 conformation of the right person you want to speak to，greeting，subject matter，and closing 等短语或词句。韩礼德和哈桑（Hasan）将这些相对固定的语篇结构总结为语篇结构潜势（structural potential，简称 SP）。

听力的过程其实就是如下过程：对意义进行寻求—预测—对预测进行证实和排除。听者利用自己具备的知识经验对语篇信息进行搜索，继而运用已经得到的信息，猜测语篇内容。在听力过程中，学生常常遇到如下障碍：在听音过程与考试过程中，难以对已掌握的信息进行最大限度的利用，难以达到预期理解状态。故而，英语教师应当尽可能地对各种途径进行探索，帮助学生对其听力技能进行培养。教师要立足于语篇所具有的特征，对语篇分析的优势以及语篇结构潜势进行充分发挥，帮助学生利用听力理解对正确信息进行获取。

在听音过程中，学生通常有这样一种倾向——先翻译、后理解，导致他们很容易忙乱不堪，大脑着急地对上一段信息进行处理，结果未能注意到下一段信息。为此，教师应当帮助学生克服焦虑感和紧张感，使其树立信心，对语篇信息充分运用，正确理解整个听力语篇。在教学过程中，教师尤其要注意的是对学生的语篇意识进行培养，要将下列内容传达给学生：首先，即便是有着再强听力能力的人，也不能保证对所有内容都百分百听懂。所以，每个人都难免会遇到一些听不懂的部分，此时不用着急，要保持心态平稳。其次，部分听不懂的信息，在语篇其他地方很可能会"改头换面"，通过其他形式重新出现，或者也可以利用上下文合理地将其推测而出。最后，依照语篇结构潜势理论来分析，学生没有听懂的部分或许就是一种辅助要素，即使没能听懂，也对整个语篇的理解产生不了影响，是无伤大雅的。吸取了上述思想，学生就能将心理优势真正建立起来，能够做足准备，利用语篇特点更好地、更合理地进行推测与分析。

除此之外，教师也要提醒学生，在听力过程中要发挥主动性，不能处于被动状态，在结束听力训练后，也要及时总结所听语篇的内容。如此，既能够指导学生，使之实现语篇意识的提升，通过总结明白自身不足，了解错误的症结所在，又能让学生查漏补缺，之后再遇到类似语境的时候，能够举一反三、汲取经验，更好地进行推测与分析。

（三）语篇分析理论在商务英语读写教学中的应用

具体到商务英语而言，立足其所具有的语篇特点，教师在教学过程中，可以运用语篇分析的方法，对学生的各种技能进行有针对性的培养，如图式理论。商务英语教学就是要依据商务英语语篇特点建立并激活图式结构，将新信息融入已有图式，产生新图式，丰富头脑中图式的内容，进一步理解相关语篇并能写出或者翻译出符合商务英语用语习惯，适用于商务英语交际场景的语篇。

传统商务英语阅读教学忽略了商务英语作为专门用途英语的特殊性，注重对阅读材料进行语法分析，逐字逐句讲解，逐句逐段翻译，其结果是"只见树木不见林"，影响了对文章的整体理解，忽略了对商务文体的把握，商务和文化背景缺失，学生能够就重点词汇、短语和句子进行正确问答，却不了解整篇文章的框架结构、篇章连接方法，不能概括文章大意，对类似文体起不到举一反三的效果。所以在语篇分析理论指导下，商务英语阅读不应将语言分析抽离于商务语境、背景知识和体裁之外。在讲授阅读语篇之前，教师应当通过问题导入、小组讨论等课堂活动激活学生脑海中相关知识的旧图式，并在此基础上补充信息。高校商务专业学生缺乏工作经验，此处的信息主要为商务语境信息。在激活并补充了旧图式之后，教师可依据文章内容勾勒出流程图、框架图、提示卡（cue-cards）等辅助学生理解。

语篇分析对商务英语写作教学的影响颇为典型的体现是在商务书信上，商务书信语篇有着较为固定的模式。规范的书信有助于扩展业务和增加收益，相反，不规范的书信会令公司蒙受损失和失去发展机会。有学者指出，商务书信应当遵循相同的格式，即目的—情况—行动。第一段开门见山，点出该信的目的和作用。中间段落阐述缘由。最后一段或者几段阐明应当采取的行动，例如请求，同意或者不同意等。为了达到此目的，语言上崇尚简明、扼要，体裁合理，强调信息的有效传达。因此，在教学上应当强调格式的规范化和图式化。以"图式结构"为依据打乱原有语篇顺序，让学生动用语言图式、内容图式、形式图式等知识将语篇复原成符合体裁格式、语境的语篇。此外，程式化的语言可以使商务书信简明、扼要，并最大限度地减少误解，传达信息。例如 inquire，offer，bid，counteroffer 在商务书信中通常表示询盘、发盘、递盘和常用专业术语 CAD（凭单付款），WPA（水渍险），WPA（水清险），L/C（信用证）等。

第五节 人本主义教学理论

一、人本主义教学理论概述

（一）人本主义教学理论的提出

20世纪五六十年代，人本主义心理学思潮在美国兴起。罗杰斯（C.R.Rogers）和马斯洛（A.Maslow）是其主要代表人物。

以人本主义学习观为基础，人本主义教学观逐渐形成并得到发展，该理论以自然人性论为基础。人本主义心理学家主张人并非社会实体而是自然实体，自然是人性的来源，人的本性就是自然人性。其认为，所有人都有实现自身潜力发展的动力与能力，学习和行为是知觉的产物，一个人大多数行为都是他对自己的看法的结果。由此，真正的学习涉及整个人，而不仅仅是为学习者提供事实。真正的学习经验能够使学习者发现他自己的独特品质，发现自己作为一个人的特征。从这个意义上说，学习即"成为"，成为一个完善的人，是唯一真正的学习。

（二）人本主义教学理论的基本理念

1. 教学目的及宗旨

一方面，基于人本主义的"价值论""潜在论""性善论"，罗杰斯曾反复对有关教育目标的观点加以明确。在罗杰斯看来，通过教育所培养出的学生，应当是富有创造性、适应性、灵活性的人，教育应当对具有创造性、独立性、主动性的人分外注重。罗杰斯主张教育培养出的人是个性得到充分发展的人。这种人具有灵活适应变化的能力，富有责任感、主动性，能够自主发展，对自我价值予以实现。

另一方面，秉承马斯洛的"自我实现"理论，人本主义教学理论对教育的宗旨做出如下定位：教育要对人的终极成长予以关照，对人的"自我实现"进行促进，对"完整人格"加以培养。其认为，教学宗旨并不是一种短期目标，如提高受教育者成绩等。

通过上述阐述，不难看出，人本主义始终对人的整体发展予以关注，特别是重视丰富并发展人的"内心生活"，也就是发展人的价值观念、精神与情感。因此，人本主义教学论应当以促进"整体的人"的学习与变化为教育目标，以"完整人格"为价值追求，注重对完整而独特的人格进行培养，从而使之充分发挥作用。

人本主义所强调的教育目的并非单纯地对知识进行传授，更注重地是对完满人格的塑造，通过对学生潜能进行发展，实现学生自我学习能力的提升。所以，学校作为对人才进行培养的专门机构，应当确立如下人才培养目标与宗旨：培养能从事自发的活动并对这些活动负责的人，能理智地选择和制定方向的人，能获得有关解决问题知识的人，能灵活地和理智地适应新的问题情境的人，能自由地和创造性地运用所有有关经验灵活处理各种问题的人，能在各种活动中有效地与他人合作的人。

2. 学生是教学的中心

每个人都有自我实现的成长需要，也展现出这种成长倾向。因此，我们不仅要对自己的现状进行维持，还应当不断发展进步。所有学生都具有对自身问题进行解决的动机和相应的能力。对于教师而言，其任务就是将一种恰当的教学气氛创造出来，对有效方法进行采用，将学生天性中对自身问题进行解决的动机、能力进行调动，帮助学生重新认识自己、评价自己、发现自己，对自身内在的成长潜能予以认识，从而实现"自我概念"上不协调以及其造成的心理障碍的消除。人本主义教育思想认为，应当无条件地积极关注学生，主张从教学伊始便营造出一种安全的、能有效降低焦虑、没有威胁感的气氛，并对这种气氛加以维持。唯有如此，才能真正行之有效地对学生提供帮助，使之不会逃避，而是勇敢地面对"自我概念"的不和谐，对自己既未被否定也未被歪曲的真实生活体验进行自由表达，承担起自身成长责任。

（三）人本主义教学理论倡导的教学模式

罗杰斯在教学中移植了心理咨询的方法，提出非指导性的教学理念与教学模式。教学活动以书本和教师为核心，罗杰斯对这种做法极力批判，在他看来，这样做无疑会把学生变为"奴隶"。罗杰斯认为，学生是教学活动的中心，教学应当以学生的"自我"为根本要求。基于此，任何教学活动既要对"自我"的需要加以服从，又要围绕"自我"进行。因此，罗杰斯提出的"非指导性教学"呈现出如下特点：

（1）将一种接受的气氛营造于课堂之中。

（2）围绕小组目标和个人目标之发展进行。

（3）不断变化教师的角色。

从中我们可以看出，对于传统教学而言，非指导性教学并非全然是其对立面。非指导性教学只是对那些被传统教学忽略的，又确实有利于学生发展的方面予以重视，强调应当将更多的空间给予学生。传统的教师与学生之间的关系也因非指导性教学模式发生改变。除此之外，非指导性教学模式还对教学研究的视角予以拓展。罗杰斯倡导过程哲学观，反对任何一成不变、僵化、固定的东西。

（四）人本主义教学理论倡导的师生关系

从传统意义来看，教师有着"控制者"的身份，然而在罗杰斯看来，在教学过程中，教师的角色应当是"促进者"，并且需要对相关任务进行完成。罗杰斯主张，教师的作用主要由如下几方面体现出：

（1）教师应当对学生进行帮助，为其引出问题，同时对问题进行澄清与解决。

（2）教师应当对学生进行帮助，为其组织材料，将更广泛的学习活动提供给他们。

（3）教师应当作为一种灵活的资源服务于学生。

（4）教师应当将自己视为小组成员，以学习的参与者身份对活动进行参与。

（5）教师应当将自己的感受主动分享给小组成员。

罗杰斯还提出，如果教师想更好地发挥"促进者"的作用，就要对自己与学生之间的人际关系进行妥善处理。所以，教师应对如下几点予以重视：

（1）真诚。教师不可以戴着面具教学，而应当以真诚之心与学生沟通、交流，做到以心换心、畅所欲言，不应表现出一丝一毫的虚伪。

（2）接受。有时候这里所说的"接受"也是"奖赏""信任"。在学生遭遇问题与困难时，必然会承受压力甚至感到痛苦，教师应当及时对学生的负面情绪进行分担；相对应的，当学生取得成绩或者得到进步时，也一定会感到快乐与欣喜，教师也要与学生分享这种幸福感。

（3）理解。教师的角色是"促进者"，所以不应采用教师标准对学生的一切进行审视，而应当从学生视角出发，对学生内心的真实感受进行了解与体会。

（五）人本主义教学理论倡导有意义的学习

1. 学习是人类的天性

每个人都有好奇心，想要对秘密进行探索、对知识进行寻求，这是与生俱来的，无须传授、指导与督促。可以说，人的学习过程就是发展自我、实现自我的过程。一方面，这是教育、学习的价值所在；另一方面，从更高的视角、更广的意义而言，这亦是生命价值所在。所以，当学习者身处适当的学习环境中之后，就能够依靠自身的巨大资源，自我、自动地进行学习、完成学习。在罗杰斯看来，所有人都有学习的动力，能够对自己的学习需求加以确定，这是一出生就具备的，无一例外。之所以有学生无法做到这点，主要原因在于社会与学校带来的束缚。

2. 有意义的学习是人类真正的学习

我们可以将学习划分为无意义学习和意义学习。无意义学习，简单来说，是一种"颈部以上"发生的学习，只对心智有所涉及，无关于个人的意义与情感，更不涉及完整的人；意义学习并非只涉及事实积累的学习，这种学习能够让个体的个性、态度、行为以及在未来对行动方针进行选择时发生重大变化。因此，意义学习并非单纯实现知识增长的学习，也并非对立于情感的认知学习，而是融合于每个人各部分经验的学习。

在罗杰斯看来，意义学习囊括如下四部分内容：

（1）学习性质为"个人参与"，也就是整个人都投入学习活动，包括认知与情感两方面。

（2）学习是自我发起的，就算刺激或者推动力来自外界，要求发现、获得、掌握和领会的感觉也来自内部。

（3）学习是渗透性的，这意味着学习能够改变学习者的个性、态度与行为。

（4）学习是由学习者自我评价的。学习是否能对自身需要予以满足，是否能够帮助自己了解所想了解的事物，是否能够让自己了解原来不了解的某些方面，这些问题，学习者自己是最为清楚的。

（六）人本主义教学理论中的教学评价模式

在"意义学习""完整人格"理论基础上，人本主义教育理论建立了自身的教学评价模式。对"意义学习"而言，其核心是学生对学习过程进行直接参与，同时也对学习结果评价、学习内容、学习目的的决策进行参与。对自我评价加以提倡，而对以考核、考试为主的外部评价予以反对，认为自我评价是实现学生独立性发展的先决条件。从本质来看，自我评价的作用在于让学生主动承担自身学习责任，从而增强学习的持久性、有效性和主动性，使学生对学习过程、评价过程主动参与。自我评价的模式并不固定，重点在于让学生和自己进行纵向主动比较，而非和他人进行横向比较。这种纵向比较能够让学生对自己的过去进行全面认识，对自己的现状正确定位，对自己的未来科学合理地进行规划。学生能够通过多种因素（如自身个性发展、兴趣）对自己进行综合评价，同时立足评价结果，对自己进行全面审视，继而不断实现自我完善。

二、人本主义教学理论在商务英语教学中的应用

传统的商务英语教学过程中，学生通常会对一些词汇、语法规则进行机械记忆，对那些冷漠的、枯燥的、欠缺真实性的句型或对话进行反复操练。在传统课堂中，教师是中心，承担着单向的"传道授业"任务，学生仿佛一个空空的容器，接受教师的灌输，所扮演的角色是对知识的被动接受者。不难看出，传统商务英语教学是"填鸭式"的，无论是学生与学生之间还是教师与学生之间，都很少沟通交流，这也严重遏制了学生的创造性、主动性，忽略了学生的个体差异，抹杀了学生的情感因素，学生学习效率较低。

因此，为了进一步提高英语教育教学的质量，在重视语言本身的同时，必须关注学生本身及其情感等方面的因素，这恰恰正是人本主义教学法的研究重点。人本主义心理学的教育观和学习理论蕴含着丰富的内涵，对当前英语教育教学的研究有着重要的影响。为改革英语教学，研究者在英语教学观、课堂设计、师生关系等方面都进行了一些探索。英语教学方法中，比较著名的包括暗示教学法、社团学习法和交际教学法等，这些都是和人本主义的教学理念异曲同工的。它们都有如下特点：第一，理论依据是心理学，而非语言学；第二，学生的情感情绪状态被视为影响学生语言学习的重要方面；第三，教学深刻理解并认同全人教育的理念，缓解学生焦虑、自卑，帮助其建立富有安全感、能高效学习英语的环境。人本主义教学法在英语教学中的应用重点放在了如下几个方面：

（一）促进学生自我完善

人本主义教学法对英语的教学、学生的学习过程有什么影响呢？有学者进行过相关的研究，较有影响的是莫斯科维茨（Moskowitz）曾花长达15年的时间研究如何把人本主义理念应用在教学活动中，他做出这样的假设：人本主义教学法能有效增强学生的自尊、深刻了解自我的情感、发现自我价值，并能欣赏和悦纳他人，培养出积极乐观的生活态度。所有的改变都能给学生带来积极的作用，促使学生在不断完善自我的过程中不断取得更高的成就。莫斯科维茨进一步就人本主义教学法应用在外语学习中的学生自我观念、对同伴的感情和态度三方面开展了一系列的调查。

1. 学生学习英语的态度

此调查用于了解学生对英语学习的感觉和认知，对教师的态度，还有学生在课堂中的情绪反应。问卷调查显示，相比传统课程的教学氛围，学生更接受和喜欢人本教学理论下的英语课堂，对教师的评价较为肯定，从而使英语学习的难度有所降低，更多的学生能感受到轻松愉快的体验，学生在教师的引导下比较容易放开，会大胆地用英语发言或对话。

2. 课堂中对自我和他人的观念

此调查用于探索在课堂上学生的自我认识以及对同学的态度。问卷调查显示，大多数学生表示提高了对自我和他人的认识；提高了自我认同感，能够发现自我的优势和潜力；能设身处地地为其他同学着想，同时也能获得他人的肯定和理解，表现出对集体的关注和热爱。

（二）情感因素及其对英语学习的影响

语言学习这种心理过程是十分复杂的，对于人类而言也是一种认识活动，且最为普遍。所以，情感智力因素必然会深刻影响语言学习的整个认识活动过程，如性格、厌恶、喜悦、兴趣、意志、动机等情感特征，都会起到一定的调节作用。在英语学习过程中，对语言学习者的性格倾向、学习动机、主观态度等，都有着极大影响。所以，我们必须重视语言学习所受到的情感因素影响。可以说，情感因素起码有着和认知因素相同的对语言学习的影响，甚至这种影响是远超认知因素的。态度、动机和性格，是对学习者英语学习造成影响的三大主要情感因素。

1. 态度

态度包括如下三种成分：第一，意动成分，也就是对某一目标的行动意象与实际行动；第二，情感成分，也就是对某一目标所抱有的喜好或厌恶态度；第三，认知成分，也就是对某一目标的信念。

"态度"在二语习得中分外重要，其包括对语言学习与语言的整体态度、对目的语的学习态度以及对目的语社区成员的态度。显而易见，当学生很喜欢英语民族文化，想要对其社会知识、文化与历史进行了解，那么学生就会积极主动投入学习，这对于英语学习而言是大有裨益的。反过来，假如学生厌恶、蔑视甚至仇视这种文化，那么在学习该文化语言的时候，就很难做到认真细心。假如学生对英语的表达法与结构抱有好奇心态，就能将英语学习过程视为对新鲜事物不断发现的过程，学习也就变成一种探索、一种乐趣。反过来，如果学生在心中将英语表达法想得艰难无比，也一定会对其英语学习效果产生影响。

态度并非一成不变的，是能够改变的。在语言教学过程中，教师要对学生态度问题多加重视，通过与学生沟通交流思想感情，将丰富多彩的目的语文化展示给学生，对学生厌学的态度进行改变，让学生真正体悟到语言学习的快乐，收获进步与成功，拥有发自内心的喜悦。这也是人本主义教学理论的一项重要原则。

2.动机

所谓动机，就是引起个体活动，并对其活动进行支持、推动、维持，从而满足需要达到目标的内在动力。对于"行为"而言，"动机"是一种起决定作用的内在力量。

具体而言，动机指的是如下两方面内容：第一，对某种活动有明确的目的性；第二，为实现该目的付出的努力。

二语习得中，当个体被动机驱动时，有着如下表现：一方面，个体表现出指向性行为，因为语言学习往往会对一定的学习目标进行指向；另一方面，为了对需求进行满足、对预期目标加以实现，个体做出努力。很多心理学家都表明，在学习中，动机这一因素极具效能，能够起到很大的促进作用。通常来说，我们可以将动机划分为工具型动机和融入型动机两种。对于工具型动机来说，个体学习目的语对该语言具有的实用价值和有用性更为注重，旨在通过掌握语言，实现某一特定目的，如学习语言之后能够阅读外国杂志、通过某种考试、拥有更多工作机会等。而对于融入型动机来说，其憧憬于目的语社区的文化与成员，有着很强的与之沟通交流的愿望，想要对其生活方式、风土人情进行了解。在教学过程中，英语教师应当对学生学习语言的动机进行了解，同时也帮助他们形成持久的、稳定的学习动机。

3.性格

一个人表现在行为方式和对现实的态度上较为稳定又可变的心理特征，就是其所具有的"性格"。性格是人的个性的组成部分之一，同时也是最重要的一部分。荣格（C.C.Jung），瑞士的心理学家，他提出，在人的生命中，一切行为变化都以"力比多（Libido）"为基础。依照"力比多"活动倾向于内部环境还是外部环境，荣格用内向型、外向型对性格进行划分。通常来说，在外语学习方面，外向型性格的人由于人际交往技巧较强，善于社交，所以具有较多优势。外向型性格的人往往呈现出社交倾向性，因此在学习英语的过程中，他们敢于开口，得到的练习机会、语言信息自然更多。不妨回想一下，在我们上学期间，一些学生展现出外向型的性格特征，他们会在课堂上对教师的提问积极回答，能够更好地与同学沟通交流，更不惧怕教师，能够向教师提出问题与建议。不过，性格内向者与外向者在英语综合能力上是难分伯仲的，因为尽管外向型性格的人在英语听、写方面具有一定优势，但是内向型性格的人在语法、词汇、阅读理解、完形填空等方面也有着优势。所以，在教学实践中，教师不可以偏爱于某种性格的学生，或者不满于某种性格的学生。无论学生有着何种性格，教师都应当尊重他们，平等地对待外向型性格的学生和内向型性格的学生。同时，教师也应当准确把握学生的不同性格，更好地因材施教，帮助学生发扬优势、弥补短板，培养学生坚强的毅力、进取心、自信心，最终确保在英语学习过程中，学生的性格成为一种积极的、有利的因素，使其学习收获更多成效。

在学生学习英语的过程中，情感因素是非常重要的影响因素，无论是英语教师还是语言专家，都愈发重视情感因素。在语言学习中，情感因素会发挥多种作用，如强化、调节、定向、动力等。具体而言，其对英语教与学的过程以及教学质量发挥着直接参与、制约的作用，同时也对学生智力水平的发挥有着一定影响。

性格、动机、态度，它们都是情感因素的组成部分，在学生学习英语时，发挥的作用是极为重要且关键的。积极的性格倾向、明确的学习动机以及正确的学习态度，能够对学生产生很大帮助，使之英语学习卓有成效，这一点是毫无疑问的。

总的来说，采用以人为本的教学方法，就要从情感上尊重学生、重视学生，确保在语言学习过程中，情感因素能够起到积极的作用，形成助推动力，继而让英语教学拥有轻松活泼的氛围，是行之有效的。

（三）消除学习者的心理障碍

苦恼与挫折心理、负评价焦虑、考试焦虑、外语交际畏惧等，都是常见于英语教学中的心理障碍。

所谓交际畏惧，指的是个人对与他人的预期交际或者真实交际感到焦虑甚至恐惧。交际退缩、交际回避都是交际畏惧的典型行为模式。交际畏惧者会很难对社交进行追求，也很难介入他人对话，即便不得不为之，也极为勉强。特别是那些认为自己外语能力较弱的学生，由于其对自己的外语水平有较低的评估，更加缺乏自信，感到胆怯，表现出更强烈的外语交际畏惧感。

所谓考试焦虑，指的是对考查过程中成效不充分的倾向，学生是带着恐惧感来对待的。更简单地说，学生担心甚至恐惧自己考不出好成绩。之所以学生存在考试焦虑，很可能是因为其学习技能中存在问题与不足。在考试过程中，部分学生如坐针毡，心中分外恐慌、焦虑，主要是因为他们无法顺利回答考卷上的问题，不知如何组织卷面上的材料。

所谓负评价焦虑，指的是个人畏惧他人对自身的评价，害怕他人对自己留有负面印象，包括忧虑他人会对自己产生负面评价的预期心理，以及在负评价产生后的担忧、沮丧心理。如果一个人对自身日后成就或成绩期望较低，那么在完成任务与人际交往过程中，常常会感觉自己比不上他人。一旦形成这种想法，就会常常笼罩在心理阴影之下，对个体自尊所需的满足产生威胁，造成自身自信心与自尊心的挫伤，如此，行动尚未开始，就已经开始倍感焦虑了。

所谓挫折心理，指的是学生在有目的地行动时，遭遇干扰与困难、阻碍，且无法克服，导致难以满足自身需要，继而产生消极情绪状态。在对英语学习的过程中，很多学生都曾存在这样的问题，想听却听不懂，想讲却又讲不出，挫折感自然也就"常伴左右"。

所谓苦恼，从心理学角度看，是因为心理上出现纠离、内心发生矛盾，继而导致焦躁、不安的情绪。某种意义上看，苦恼也是心理受挫现象之一。

英语教师应当善于对心理学原理加以应用，对英语课堂上行之有效的教学方法进行研究、探索。同时，英语教师还应当对教学评价体系进行改革，对形成性教学评价体系多加使用，在看待学生成绩时，应立足学生提高、发展的视角，尽可能对学生偶有一次不理想的考试成绩进行淡化。除此之外，英语教师也要将和谐、融洽、亲切的师生关系建立起来。罗杰斯人本主义心理学对师生关系分外强调，融洽的师生关系能形成皮格马利翁效应以及良好的学习环境、积极的情感背景。我们应当深刻认识到，唯有教师与学生之间彼此理解，才能形成高度融洽的师生关系。而心理相容、心理换位则是促进理解的主要途径，且十分有效。所谓心理换位，就是师生交换心理位置，也就是我们常说的"换位思考"。所谓心理相容，指的是教师和学生从心理上相互容纳、接受彼此。通过心理相容、心理换位，教师和学生能够打下坚实的理解基础，形成情感共鸣，如此，自然会拥有愉快轻松的课堂教学气氛、默契的师生配合，教师完成教学任务自然也会更加顺利、轻松。

（四）改变教学手段

学生是课堂教学的主体，教师的主要任务是对学生进行引导，使之自主学习，这是人本主义学者分外强调的。有学者归纳总结了人本主义教学法的教学手段，发现一切教学手段都为实现同一个最终目的，那就是让学生自主学习，不再由教师单向讲授（或灌输）。教师在英语课堂上应用人本主义教学法时，可以对如下手段进行运用：

（1）增设活动形式，如小组讨论、话题对话、朗诵、演讲等。

（2）通过运用音乐、资料图片、真实事例等方式，将英语的实际应用呈现给学生，让学生能全面而深刻地理解英语文化，切实认识到学习英语有很大作用，是有实用性、必要性的。

（3）对英语语言的精妙所在进行更多呈现，引导学生立足美学角度，对英语进行欣赏。

当然，教学手段还有很多种，教师应当创设关于专业、真实的交际情境，对英语语言情感、内容的理解与应用予以重视，不要只顾着对语法进行讲解或者一句一句精读课文，而应更重视在学习过程中学生有着怎样的收获，增强学生自主学习能力。除此之外，教师还可以通过表情、声调、肢体语言等，强化自身授课魅力，营造愉悦轻松的课堂氛围。

（五）商务英语写作教学中的人本主义教学法

过程教学法是人本主义教学理念的体现。具体而言，过程教学法有着如下优势：

首先，过程教学法对学生的情感因素分外注重。教师在运用过程教学法时，会着重营造一种学习气氛，这种学习气氛具有鼓励性、安全感，故而不易使学生感到畏惧或排斥。在这种学习气氛中，学生能够一直主动投入英语学习，而且他们并非"孤军作战"，因为教师还会创设很多学习活动，这些学习活动需要小组、同伴互助完成。每名学生在初步完成自己的任务之后，学生之间还会进行互改、互评,从而实现学生的"自我指导",同时也能够对学生之间的情感关系进行增进与联结。

其次,过程教学法中,实现了教师批改方式的改革。在过去,教师的批改方式主要是纠正错误以及评分,因而学生很容易只重视分数。然而,过程教学法以人本主义教学法为指导,其认为应当通过教师的多次评阅以及教师与学生之间的交流,对学生写作信息进行反馈。这一改变是十分明显的,让教师不再是英语写作的批判者、权威者,摇身一变,成为反馈者、协调者、组织者。学生在教师的亲切鼓励、巧妙引导下,不再畏惧写作、害怕教师,而是能够怀抱愉悦心情走进课堂、开始写作,满怀激情探索尝试,踏实认真地对英语写作各个过程进行参与,实现写作效能感的逐步提升,切实体会到写作的意义与快乐。

当然,我们也要看到,过程教学法并非完美无缺,也有自身的不足之处,体现在以下几个方面:

第一,在学生写作之前,因为教师未能给予充分指导,学生缺乏可参考的范文。所以,学生无法清楚地了解一般常规写作模式。部分教师还对学生提出"写初稿时自由随意即可"的要求,让学生随心所欲写作,想到什么写什么,这就导致其写作初稿在结构组织方面,很可能存在严重问题。

第二,对文章的类别体裁予以忽视,不管什么体裁的文章,都对同一种过程进行采用,导致学生在学习上花费较多时间,也很难短时间内对学生写作技能进行培养。

第三,未能输入充足的语言知识,使得学生在写作时,可能遭遇过多的语言困难,从而出现写作障碍。

如果英语教师想要在英语写作教学中贯彻落实好人本主义教学理念,让人本主义写作教学法更加适用于学生学习,就一定要综合考虑其缺陷与优势,做到取长补短。具体来说,有如下几个方面:

第一,对学生主体性进行确立。在写作过程中,教师要对学生的主体性地位进行确立,尽可能为其创设真实的写作情境,让学生能够积极思考写作内容。同时,对学生进行引导,使之主动参与写作各环节,积极合作,实现自主学习能力的提升。

第二，对教师的主导性进行强调。教师一定要明确，承认学生的主体性地位，不代表在写作教学过程中教师不再具有主导性地位。正相反，由于我国学生实际情况，我们需要对教师的主导地位及其教学指导者身份进行突出。在写作教学的全过程，教师都要将有针对性的指导给予学生，帮助学生及时对问题予以发现，让学生在自己的指导下，主动完成整个写作过程且完成得顺利、有效。

第三，要有实用的教学内容。在选择写作题材时，要注意与学生的实际需要以及兴趣相契合，要能够与学生的生活经验相互映射。教学内容要对学生的认知需求进行充分考虑，能够通过教学，让学生对各种题材文章的写作都"了如指掌"。同时，教师要对语言输入予以重视，对学生的语篇组织、修辞运用、遣词造句等进行训练，为其将来升学或职业发展提供更多助力。

第四，要有多样化的教学手段与教学形式。在写作教学过程中，教师可以灵活运用多种教学手段、教学形式，如头脑风暴、同学辩论、小组讨论、任务布置、资料搜索、主题词提示、情境创设、故事接龙等，对学生积极性、主动性进行调动，使之发展思维、参与学习，同时也能将更多的素材提供给学生，帮助其组织语言。

第五，要对平等的师生关系进行创建。教师要平等地对待学生，耐心、悉心与之交流沟通。具体到写作教学过程中，教师要扮演好"指导者"的角色，让学生能够以平和、良好、谦逊的心态，对教师输出的内容进行聆听，并予以接纳，保证愉快的写作教学氛围，使之取得成效。

第六，使用激励性评价。教师在对学生进行评价时，应当使用发展的眼光，要少用批评话语，多使用激励性话语。教师不仅要指出学生写作过程中的各种错误，还要懂得捕捉学生的进步，哪怕十分微小的进度，也要适时对其进行鼓励，从而让学生更具自信，能够在写作过程中收获成功的喜悦，继而更愿意学习写作，形成良性循环。

（六）商务英语口语教学中的人本主义

想要对当前大学英语口语教学进行创新，就要树立人本主义教育思想，并充分发挥其指导作用。对于我国学者来说，它是对切实可行的教学方式进行研究的有力依据。

1. 选择优质教材，设置情景课堂

在英语课堂上，大学英语教师应当为学生创造最佳的口语环境，从而让学生更好地进行口语表达，实现口语能力的充分发挥。教师必须将学生视为教学主体，在教学过程中对学生的学习需求予以着重考虑，让学生不仅习得英语口语知识，更能对其加以利用，能够解决生活和学习中的现实问题。教师要选择合适的教材，保证学生所学内容是其感兴趣的。在对教材进行购买之前，教师必须先对学生的具体需要进行调查，对学生感兴趣的学习方向、抱有的学习态度以及学习目标进行了解、掌握，立足具体情况，综合选择英语教材。

那么，什么样的教材内容是适合英语口语教学的呢？其应当与英语语境相贴近，能够让学生在学习过程中身处实际交际场景，如此才能避免学生陷入古板的英语教学之中，置身英语环境中，对自己的潜能进行充分发挥。具体来说，这类英语教材内容不能只是对英语口语陈旧的教学理念、语言规律进行枯燥讲述，而应当与实际生活相符合，与英语情境相贴近，让学生在真实交际情境中学习英语口语并熟练应用，从而对学生的学习热情予以激发、引导，帮助学生对口语化规律进行探索。

在英语口语教学过程中，教师可以设置口语情境，对英语环境随机设置，将角色分配给学生，鼓励学生充分发挥想象力。教师可以不规定情境有着怎样的发展脉络，一切主动权都交给学生，让学生自由对自己所学、所掌握的英语知识进行应用，在现实情境中融入知识。教师需要对学生进行观察，找出他们英语口语学习与应用中的误区所在，从而在接下来的教学中有针对性地进行解决。上述情境设置，不仅可以营造愉悦、轻松的课堂氛围，让学生真正享受英语口语的学习乐趣，还能对学生实践操作能力进行锻炼，除此之外，也能启迪学生的知识理论，对其学习的系统能力进行规范，可谓一举多得。

2. 建立学生自主选择课堂的教学模式

不同学生有着不同的英语语感、思维模式、语言能力和基础知识，为了更好地实现因材施教，学校应当建立学生自主选择课堂的教学模式。

举例而言，学校可以调整大学英语口语教学的选课模式，让学生能够对所有教师的课堂氛围进行感受，对所有教师的教学手法进行体验，继而针对自己的实际需求，自主对教师进行选择。在对教师进行选择之后，学生可以针对教师的教学内容提出建议、意见，教师也应当在不对正常英语教学造成影响的基础上，对学生合理的意见、建议进行适当采用，在课堂上对学生自主选择的教学内容进行讲授。如此，不仅是对学生给予充分尊重，也实现了学生学习积极性的提升。由于学生学习的是自己选择的课程内容，因而有着更为饱满的学习热情，带着学习的愿望与兴趣来到口语课堂，最终实现英语口语课堂教学质量的提升。学生自主选择的教学方式，正是以人本主义教育思想理论为基础，也是对这一理论的体现，能够让学生既充满学习热情，也获得思考空间，有助于教师对学生进行创新能力与潜力的挖掘。总而言之，学生才是英语课堂的中心，而非教师，教师是学生学习的推动者、指导者。当学生兴趣发生变化时，教师的教学也要相应发生变化。

3. 良师益友的关系促进学生学习动力

如果英语口语课堂枯燥乏味、古板单一，那么学生学习的时候也会感到压力倍增、紧张无趣，不仅潜能受到压制，更会对口语学习产生抵触情绪，无法自觉自愿地对知识内容进行接收，更谈不上发挥创造力了；反之，如果英语口语课堂能够变得和谐轻松，学生心中也会倍感放松，有利于自身头脑思维的开拓，避免受到实际环境的局限，充分激发其创造力。所以，如果教师既想要对教学质量进行保证，又想让学生在学习过程中富有创造性、积极性，就要与学生多沟通、多交流，通过调查、交谈或者观察，对学生的爱好进行了解，有针对性地为学生制订教学计划、内容，真正关爱学生、尊重学生。当学生感受到来自教师的爱与尊重之后，就会感恩于教师的用心良苦，从而自觉、自愿地学习和教师产生友好亲切的关系，自然也能更快速地掌握知识内容。

教师在学生学习过程中有着既关键又重要的作用。如果教师对学生的学习不闻不问，或者有着粗暴的言语，那么学生必然会感到害怕与抵触；如果教师能够充分理解学生、耐心引导学生、悉心沟通交流，学生的心理自然也会出现变化。当学生满怀热情想要认真学习的时候，教师及时予以关注与指导，就能达到事半功倍的效果，实现学生创新能力的提升，使学生更主动、更积极地对知识养分进行汲取；当学生在学习过程中遇到挫折、一筹莫展的时候，教师不应呵斥学生，而应当理解他们，伸出援手，在帮助学生解决问题之后，教师也要适时鼓励、称赞他们，使之能够深深体会到教师传递的关爱，这样能使学生笑对挫折、充满自信，还能树立面对困难不放弃的坚持信念。

教师应当懂得如何赞扬学生，这样做有利于形成良好的师生关系。即便只是一句简单的表扬，却能让学生"喜出望外"，感受到教师传递的认可与关心，对教师自然也会感到更亲切，在学习时也会更用心、更主动，对其掌握、习得英语口语知识来说是大有裨益的。教师的鼓励与称赞能够对学生学习积极性、主动性予以最大限度的调动，继而落实人本主义教育思想，对教师自身口语教学工作的成功开展也是很有促进作用的。

想要将人本主义教育思想落实到教学实践中，教师就要视学生为主体，充分发挥自身的引导作用，对学生"一切自主"进行培养，如自我约束能力、自主选择能力等。想要完成上述培养任务，教师就不能再将"传授"作为教学目的，应当对教学方法进行创新与转变。在口语课堂上，教师可以增设演讲、竞赛、辩论等部分，在创新课堂活动的同时，将活动主导权转移给学生，让学生组织活动，考虑各种活动细节，对工作进行分配，如此也能锻炼学生团结协作能力、语言沟通能力以及社会实践能力，真正在英语口语教学的每一个步骤中都落实人本主义教育思想，从而让学生自由发挥创造力，培养其多方面综合能力。除此之外，当活动告一段落后，教师不能"办完就算"，而应当对学生进行组织，引导其总结活动，让学生认真思索别人组织参与活动和自己组织参与活动存在怎样的差别、差距，这样既对学生总结能力进行锻炼，还有助于学生明确自身不足、实现查漏补缺，还能让学生了解自身优势，实现进一步发展提升，强化学生自主意识。

步入信息化时代，教师应当懂得对多媒体进行应用，创造更好的课堂氛围。教师应当将自己的课堂教学与多媒体资源相结合，让教学更加真实化，构建良好的学习环境，实现学生英语听说能力的提升。英语教学是一种语言类教学，因此良好的语言环境是必不可少的，特别是对于英语科目的听说读写来说，更是如此。如果教师不能提供给学生良好的语言环境，学生所学的只能是"死知识"，是"哑巴英语"，难以实现灵活运用。在开展英语教学过程中，教师可以对多元化的教学资源进行利用，以满足语言环境需求，如电视资源、广播资源以及影视同声材料等。对于英文影视材料来说，其对听觉、视觉两方面进行融合，能够将多元化交际模式、表现及语体提供给英语课堂，让学生所学的知识内容更为丰富，让学生能够一边观看影视资料，一边学习应用，同时也掌握有关知识在现实环境中的具体用法。除此之外，在影视资源中，人物的非语言或者语言，都能为学生提供知识学习途径，这也是影视资源的一大优势。在观看的过程中，学习氛围是十分自由、快乐的，学生不仅锻炼了自己的听说能力，更被激发起了求知欲望，能够在课余时间自主探索更多拓展内容。

国际化的发展也对人才提出了更多要求，因此，我国必须更为重视大学生英语口语教学。在未来，大学生与人交流时，掌握的英语听说能力是沟通畅通无阻的基础与前提。教师应当紧密围绕人本主义教育思想，将空间给予学生，使之实现潜能的充分发挥，助推其全面发展。总的来说，对于学生自主学习能力的提升以及良好师生关系的建立而言，新型教学理念所起到的促进作用是极大的。本书通过基于人本主义教育思想，对大学英语口语教学方式进行创新，让教师将良好的学习环境提供给学生，将学生作为教学主体，实现人本主义思想的贯彻落实，最终推动大学英语口语教学迈向新高度。

第六节　ESA 教学理论

一、ESA 教学理论概述

英国语言学者杰里米·哈默（Harmer.J）提出了这样一种观点：教室并不是最适合学习语言的场合，因为如果仅在教室这样一个固定且封闭的环境中学习语言，学生就会失去应有的交流氛围和周边语言环境的诱导，这对于知识的掌握和熟悉来说是一种显著的不足。但是，在现阶段的传统教育模式下，学生还不能完全摆脱课堂学习，所以教师在教学中的主导作用就显得尤为重要。在语言课堂上，教师的主要任务是为学生创造一种生动的学习氛围，主要手段包括让学生尽可能多地在各种场合中阅读英语，同时不时地在交流中应用英语。另外，教师需要在合适的场合下对学生表示鼓励，增强学生的学习信心。所以，教师需要在非常有限的学习空间——教室当中合理规划教学手段和形式，借助有现实依据、行之有效的教学手段来引导学生在和谐的交流氛围中学习语言，这种教学方法被总结为"ESA 教学理论模式"（Engage，Study，Activate）。

　　Engage 指投入环节。这一环节中，教师需要事先激发学生的学习情绪，使学生产生英语学习的兴趣，这个环节在教学过程中发挥着十分重要的作用，因为它能非常明显地影响学生对课堂教学的态度。有许多学生因为平时在课堂上受到压抑气氛的影响，并没有英语学习兴趣，在上课时没有思考的积极性，只感到很乏味，因此课堂学习的效果也很不理想。为了解决类似的问题，教师需要在课前的环节进行一些适当的情绪塑造活动，激发学生学习语言的兴趣和积极性。具体的方式可以是播放英语电影和歌曲、用英语讲故事或时下热点事件等。如果该环节的活动能够充分地吸引学生的注意力，就能让他们进入一种更加理想的学习状态，这样一来，便可以说教师实现了"engage"的目的。

　　Study 指学习环节。这一环节是 ESA 教学模式（其实也是大部分教学模式）中最主要的部分，学生要在该环节中有效地掌握课堂要求掌握的语言知识，这些知识可能包括熟练准确地领会某些单词的用法，也可能是总结出文章的核心观点。教师可以按照学习内容的主要特征，在教学实践中尝试不同的方案，比如在向学生教授语法时，教师可以直接讲解语法知识和要点，也可以引导学生通过分析句子和阅读语篇，借助演绎归纳法总结实用性的语法规则；或者是让学生练习使用形容词的比较级和最高级、练习用现在完成时等时态造句；再或者尝试掌握语篇的基本结构（主题句、文章发展、结论）的写法。总之，课堂环境当中学生潜意识语言接收的准确与否，直接影响着语言学习能够取得的实际成果。

　　Activate 指激活环节。这一环节要求教师开展一些课堂练习和应用活动，引导学生在特定的环境下尝试运用自己在课堂上所学的语言知识，了解如何在真实的语言环境中利用这些知识更好地与他人交流。与前述的两个环节相比，该环节在目的上有着明显的区别，它并不是要求学生必须掌握或熟记某种特定的语言知识点或者语法结构，而是更加强调学习过程当中提到的一些比较有代表性的知识（如词汇、语法、句式等），并将这些知识运用在实际的交流之中。激活环节的核心是，教师应当为课堂预计教授的语言知识点设计一种对应的语言环境，该环境需要有一定的真实性和还原性，方便学生感受语境、开展练习。学生在使用语言知识的尝试中，能够逐渐实现由语言输入到语言输出的活动性质转换。一般来说，可采用的课堂活动形式包括角色扮演、分组讨论、围绕指定话题表达个人意见等。

二、ESA 教学理论在商务英语教学中的应用

（一）直线型

在该模式下，教师工作的第一步是激发学生的学习热情和对课堂主题的兴趣，让学生怀着积极性和主动性参与课堂，之后自然而然地接触和获取语言知识。在课堂的后半段，教师还可以安排一些形式多样的教学活动，让学生在活动中灵活运用自己刚学到的语言知识。

直线型模式的主要缺点在于其统一性，它不能完全照顾到每一个学生的个性，无法让所有的学生都在课堂上充分彰显个人的学习风格。一般来说，对于一些面向初学者的语言课堂，直线型模式是一种较为理想的方法，主要用来教授一些比较简单、容易上手的教学内容。

以文学名著这一教学主题为例，直线型模式的 ESA 教学流程如下所示：

Engage：教师向学生展示一些名著的原文片段或翻拍影视片段，然后让学生谈一谈片段中的人物在做什么或片段描述了什么。最后，教师可以向学生问一些发散性的问题，如有没有读过这本书，最喜欢里面的哪个人物，让学生用英语口头回答。

Study：教师从文章中选择一些较有代表性的片段，然后介绍 excited 和 exciting 的读音和用法，之后根据教学内容给出 "At that time, the character was very excited." "This plot is exciting."，最后让学生自主练习。

Activate：将学生分成若干小组或者自行结组，讨论和介绍自己喜欢的名著，然后在全班同学面前阐述自己为什么喜欢这部作品，最欣赏里面的哪个人物或者哪段描写。

在该教学范例下，学生能够比较清楚地了解了"excited"和"exciting"的含义、区别与用法，而且能够在课堂上获得充分运用和练习的机会。因此我们认为直线型模式是一种比较适合外语初学者的教学模式。

（二）反弹型

反弹型模式要求教师发挥引领作用，先将学生引入一定的语言环境，之后再让学生即刻上手，进行语言应用和练习项目。练习结束后，教师总结和分析学生在过程中出现的各种错误，及时发现学生表达中的不足和困难之处，并给出相应的对策，最后让学生再次练习对话，从而纠正自己的问题，完全掌握语法要点。比如以"求职"为主题展开对话：

Engage：教师和学生共同讨论有关求职的各种场景与话题，如个人简历、面试技巧、工作经验等，以及求职者在面试时怎样表现才能给用人单位留下良好的印象、人事部门在选择员工时侧重考查哪些品质。

Activate：教师给出一个职业划定或工作单位，让学生模拟相应的面试场面，在角色扮演中用英语对话。学生自行设计面试过程中的问题与回答，然后各自扮演自己对应的角色。对话期间，教师应全程观察，仔细记录学生出现的语法错误、词汇错误、不当表达和交流难点等，在对话结束之后及时予以纠正。

Study：学生在结束角色扮演之后各自分享和发表自己对于交流的看法，分析自己遇到的难点和疑惑，共同开展学习讨论。对于角色扮演中的问题，可以先由教师来分析，也可以先让学生之间自行讨论、找出问题所在，最后，教师引导学生主动地纠正不足，并再次练习这些语言学习的难点。

Activate：学生在充分掌握教师讲授的语言点之后，再进行角色扮演，策划另一场求职面试的场景，力求避免出现从前的错误。

反弹型模式的出发点主要是学生的语言需求，在处理学生的语言问题上非常有针对性，迅速纠正学生的错误，能将教师的"教"和学生的"学"紧密地联系在一起，因此该教学模式比较适合有一定积累的外语学习者。但是，从上面的描述中也可以看出，这种模式是直接进入活用的环节，中间没有供学生适应知识的学习阶段，因此非常有可能带来一系列难以预测的问题，所以，教师针对学生出现的问题设计活用阶段的实践并不一定是一个能够顺利完成的任务。

（三）杂拼型

对于学习经验和知识积累都比较丰富的学生来说，针对其设计的教学方案往往需要利用杂拼型的 ESA 模式，该教学模式的突出特点是优良的弹性。按照教学内容和活动的不同需求，教师可以在教学中灵活地交叉、循环利用 ESA 的三个要素。

杂拼型模式是若干个 ESA 环节的组合，比前两种模式都更加灵活，语言学习和实践沟通的环节也更趋于合理化，教和学之间呈现出一种融洽和谐的关系。下面以"网络直播"这一教学主题进行分析：

Engage：教师播放几段比较有代表性的网络直播的视频，让学生对视频的内容和人物的举止发表自己的看法，并各自谈谈自己是否喜欢看网络直播，是否有当主播的想法。

Activate：学生为自己找一个感兴趣的直播主题，并在课堂上模拟直播角色。

Activate：学生阅读一些和网络直播有关的文字材料，之后总结文章的主要信息，并发表自己对于网络直播现状的看法。

Study：学生学习课文中的主要词汇，如"stream，live commerce，creator，influence"等。在学习词汇时要掌握单词的正确发音，了解单词的具体含义，并分析复合词的构成要素。

Activate：学生将自己学到的词汇用在对话和描述中，并了解词汇的其他含义。

Study：教师和学生共同分析课文中出现的固定搭配和语言知识，让学生掌握这些语法知识的用法。

Engage：教师和学生一起分析网络直播的作用与效果、受到欢迎的原因、网络主播应当具备的素养、直播中的风险等，让学生各自描述给他们留下最深刻印象或最为认可的主播。如果多媒体条件适宜，教师还可以向学生示范如何用英语直播。

Activate：学生自行安排一个直播剧本。如果有足够的条件支持，还可以录制视频并发表在校园网络上，供更多学生参考。

从上面的例子中，我们可以看出，杂拼型模式是若干个有重复的 ESA 环节的组合，它能更加合理地划分和调配语言学习和沟通活动等任务，充分发挥 ESA 教学的灵活性和适应性，并调动学生更强烈的兴趣，让全体学生参与课堂讨论和教学活动。

（四）运用 ESA 理论进行教学时应注意的问题

1. 课前教师精心设计

教师应当严格遵守教学设计的首要原则——系统性、程序性、可行性和创造性原则，从实际的教学目标出发，深入分析自己所面对的教学对象和教学内容，并考虑自己的能力水平，确定最终需要实现总目标中的哪些子目标，以便从这些子目标的需要出发，更有针对性地选择和运用 ESA 模式中的不同环节和不同技巧，将 ESA 的构成三要素在教学过程中紧密地结合起来，完成彼此间的自然过渡。选择并利用恰当的教学媒体来妥善处理教学的投入、学习与活用三个阶段，充分发挥各种信息技术手段的作用，如网络信息技术、声音影像技术、信息分析技术和整合技术等，根据某个确定的目标，选择最合适的多媒体手段，比如全方位、多层面、多角度的 CAI（计算机辅助教学）教学手段。

2. 可预测性与新奇性

教师应当着重提升个人话语的积累和质量，这些因素在教学过程中都会发挥重要的作用，能够显著地提升和优化课堂教学的效果。教师有必要在投入、学习以及活用的教学阶段着重增强话语的质量，如确保课堂发音准确、优美，语调自然流畅，措辞得体，这样有助于学生更好地接受课堂教学的内容。教师还应当注意课堂话语时间（Teacher Talk Time）和学生话语时间（Student Talk Time）的合理占比。因为对于大部分模式的英语课堂教学来说，教师话语时间（TTT）是一个帮助学生习得语言的过程，它不能取代学生话语时间（STT），也不能过多挤占学生自主学习的时间。

3. 课后对教学过程进行批判性反思

不仅课上的内容，每节课后针对本次教学效果和收获的及时评价反馈也是十分重要的，评价的具体方面包括 ESA 模式类型的运行是否顺利，要素安排是否妥当，学生的课堂体验是否流畅，课堂上出现了什么样的问题，要如何纠正现有的不利条件，需要采用什么样的措施突破教学瓶颈，如何夯实教学成果等。这些反馈的目的都在于以批判性的思维反思课堂的实际教学效果，从而更有效地改善、调整和补充目前的教学方法，为教学质量提供保障。

在课堂上合理有效地运用 ESA 教学模式，不仅能够充分调动学生的多方面能力，如智力与非智力因素，还能在有效发挥学生在课堂上主体地位的同时让教师的主导作用不至于受到动摇。ESA 模式是一个将听、说、读、写、译多方面机能协调地结合在一起的整体模式，主要要求有机灵活的运用方法。在 ESA 教学模式下，学生语言的综合能力会得到充分的练习和提升。但是，没有哪种教学策略能够真正成为学生和教师的"万金油"，也没有哪种教学模式能够对所有学科的教学发挥等效的作用，因此，在课堂实践当中，不管是教师还是学生都应该勇于尝试新方法，并以亲身经验验证其功效，逐渐积累教和学的经验，而且不能一味地按照纸上的理论操作，应该在实践中加入自己的思考和创新。只有本着这样的原则，才能保障教学水平持续更新发展，教学效果与时俱进，体现时代特征。

第五章　商务英语教学实践

本章主要介绍商务英语教学实践，主要从三个方面进行阐述，分别是商务英语的教学环境及文化、商务英语的教学模式以及商务英语的教学方法。

第一节　商务英语的教学环境及文化

一、商务英语语言环境

如果希望商务英语课堂教学取得让人满意的成果，教师就应当有意识地为学生构建商务英语的对应语言环境和语言文化环境。可以说，语言环境的营造能够在许多方面影响商务英语课堂教学的教学效果，而这对教师的语言能力和教学方法提出了相当高的要求。现在的商务英语课堂参与者的主要努力方向是打造一套能够为培养和塑造商务英语语言习惯的教学模式，塑造充分的语言环境，让学生在充实的语言气氛中逐渐产生商务英语心理。另外，还应该认识这样一条规律：只有结合文化背景才能全面建立高还原度的语言环境。因为汉语与英语的使用人群分属文化差异较大的不同国家，两种语言又是不同的语系，所以各自反映的文化背景会有很大差异，语言背后的历史沿袭、风俗习惯、使用观念、思维方式等都不相同。因此，构建完备的商务英语语言环境离不开相应文化环境的建设，教师和学生都应该逐渐培养符合英语国家文化习惯、思维意识的语言组织方式，将英语国家的文化氛围带入课堂。

二、商务英语教学的历史环境

在商务英语发展的近些年，人才市场反馈的信息也在不断更新，从这些信息中，我们可以看出，随着我国改革开放的程度不断加深和社会主义市场经济体系的不断完善，对外交流领域也在持续扩大和延伸，越来越多的人对英语学习和使用产生了需求，而且需求程度也呈现深入和提高趋势。目前，我国英语教育的主要内容和方向依然是普通用途的英语教育，在实践方面逐渐暴露出一些不适应性。因此，针对类似的弊端，教育部高教司明确指出：教育的最终目标是适应社会实际需求。随着全社会对能力卓著的商务英语人才的需求持续增加，外贸企业开始不断加大力度吸纳从各大院校商务英语专业走向社会的毕业生，并在经贸往来中充分地见证了专业的外贸英语培训的重要性。由此，很多院校都对英语教学给予了更多重视，不断改革课程模式和教学手段，不仅继续维持原有的传统英语语言文学专业的教学能力，还开始尝试开设商务英语课程，涉及方向和角度多样，能为社会提供更多的复合型英语人才。

（一）商务英语教学的产生

张佐成在《商务英语的理论与实践研究》一书中写道，20世纪50年代初，中华人民共和国在北京设立的高级商业干部学校，即对外经济贸易大学的前身，是商务英语教学的发祥地。根据2001年版《对外经济贸易大学校志》，高级商业干部学校是培养对外贸易干部的专门教育机构。学校最初开设外语翻译专业，为对外贸易培养翻译人才。

（二）"本色"与"特色"，"正统"与"异化"的争论

在中国高等教育的大众化发展之中，英语专业人才的培养依然面对许多挑战。就业压力的持续加重让人们对传统的外语语言文学专业教育模式和人才培养能力产生了怀疑。在这样的背景下，英语教学界出现了关于外语专业人才培养标准和方法的争论，主要围绕"语言文学的本色"与"同其他专业联系的特色"两种标准展开，这也可说是一种英语学习中的"正统"和"异化"的争论。一般来说，国内的情况是：原先的"经院派"的教授们，都坚持英语专业发展无论如何都应

该回归"本色";一些比较年轻、受新潮思想影响的学者认为,语言的本质是一种交流的手段,所以单纯的语法知识教学是不能满足语言使用的需要的,应当和某一专业或学科结合讲授。

(三)中国商务英语教学发展的历程

中国自20世纪70年代末开始实行对外开放政策,提出了社会主义市场经济的概念。顺应经济发展的要求,许多英语专业的学生除了要学习英语语言知识外,还要掌握一定的商务知识。为此,很多院校也开设了相应的商科课程。自20世纪80年代中后期开始,我国已有多所大专院校开设了国际商务英语课程,或专门设立国际商务英语学科。

我国的专业商务英语教学起步比较晚,该领域的系统化教学和研究从20世纪90年代才初步建立,在此之后,形成了一股商务英语学习热潮。可以说,20世纪90年代,商务英语正处于发展壮大的黄金时期。

三、商务英语在贸易领域的应用环境

许多发达国家都很重视专业的商务英语教育,把商务英语教学视为专用英语教学的一个分支。在英国,各大经贸类院校都开设有商务英语课程,伦敦商会还专门开设商务英语的培训与资格认证考试;在美国,许多名校都开设了商务英语课程。我国的商务英语教学也在不断地发展、更新和壮大:中国国际贸易学会成立了国际商务英语委员会,为我国商务英语教育提供了应对新挑战的强劲力量。

(一)商务英语教学改革的必要性

1. 教学内容的改进

从教学实践上看,商务英语教学改革应充分考虑如何改进教学内容,与时俱进,在课堂上培养学生的经济贸易观念,获取最新的现代经济观念和理论,并及时了解我国在外贸领域的最新政策、金融领域的改革和世界贸易的最新动态,将这些信息应用在实际的商务场合中。

2. 教学质量的提高，突显现代网络技术

互联网营造的虚拟世界（Virtual Realiy）是一种基于网络技术建立和发展的平台，学生可以在辅助教学的虚拟设备的帮助下获得更加真实的学习环境，并借助网上学习、网上练习、在线互动和答疑、即时讨论来巩固在课堂上所学的知识。另外，由于信息技术往往能够突破时间和地点的约束，所以学生可以通过信息设备随时随地接收知识、练习对话，获得全方位学习外语语言、深入了解国外文化的机会。

3. 教学目标实现的重要保证是引进国外优秀原版教材

当前我国语言教材市场中，可供选择的商务英语教材种类很多，其中"本土教材"的占比最高，但是这些教材中有一部分的质量难以得到保障，主要问题集中在内容不全面、教学思维僵化、主题单调、形式陈旧、缺少对应练习等，尤其是落后于时代发展的教材内容会严重阻碍学生思维的与时俱进，难以顺应当代国际商务的发展趋势和人才需求，不管是教还是学的要求都难以得到满足。因此，为了更好地了解国际商务的现实需求，可以适量引进一些高质量的国外原文教材，这样有助于学生接触更为地道的英语。教师可以尝试全英语授课或双语的授课方式，让学生充分沉浸在英语语境当中。

4. 跨文化意识的培养

国际商务活动的开展背景是多元的世界文化，所以，商务英语的学习者自然也要有面向世界的开阔视野，应增加自己的知识积累，对全世界的文化和风土人情都有所了解，对其他国家和民族的文化都产生一定敏感性和判断力，能够选择合理的教学内容。教师应主动向学生介绍不同国家和地区的历史沿袭、传统文化、风土人情、固有习俗、宗教信仰、饮食特色等文化常识，并帮助学生树立跨文化观念和尊重别国文化的意识。

第二节　商务英语的教学模式

一、商务英语教学模式理论发展

（一）导论

商务英语是随着语言的应用发展而来的。一开始，人们只是关注语言的描述与规范用法等法则，随着经济与社会的发展，人们的关注焦点也逐渐发生了变化，到 20 世纪后半叶，人们开始逐渐关注在各种语言环境中语言的实际应用情况。因此，专门用途英语（ESP）应运而生。伴随着经济全球化的发展，商务英语也逐渐发展起来。

起初，商务英语只是作为专门用途英语的一个分支出现。到目前，它已经广泛在世界各国发展起来，成为一门包含商务与语言两个领域，理论基础涉及多个学科的交叉学科，受到越来越多人的青睐。现在，随着经济全球化与贸易国际化的不断发展，中国已经有 800 多所院校都设立了商务英语专业及其相关课程。在国际商务活动中，商务英语是十分重要的。随着我国经济实力的不断提升，我国在国际商务活动中发挥着越来越重要的作用，商务英语也越来越受到重视。因此，教育部制定了相关意见，明确要求各高校积极展开全英语或双语教学，为国家培养具有国际竞争力的人才。我国还成立了商务英语的相关研讨会，探究商务英语的相关教学情况与进一步发展。通过上述措施，我们可以发现关于商务英语教学模式理论与管理实践的研究是十分有必要的。

2007 年，上海对外贸易学院、广东外语外贸大学以及对外经济贸易大学获得教育部批准，开始在校内设立商务英语本科专业。随后，商务英语硕士学位也在广东外语外贸大学自主设立。我国的商务英语的教学模式与学科体系逐渐发展起来，但是相关理论与教学模式的研究成果仍然相对较少。

因此，在这个背景之下，对商务英语进行进一步的研究与探索，在教学过程中不断总结经验、反思实践，对于全国商务英语教学模式相关改革与发展具有十分重要的意义。

(二)商务英语教学模式理论发展脉络分析

起初,商务英语是专门用途英语(ESP)的一个分支,后来在全球化与贸易国际化的基础上不断发展起来。商务英语可以被分为两类,即一般商务用途英语与专门商务用途英语,二者的英语缩写分别为EGBP与ESBP。其中,相比一般商务用途英语,专门商务用途英语要更专业一些。专门商务用途英语,主要是针对从事商业领域的专业人才所设计的培训课程。而一般商务用途英语,则是针对那些并没有什么工作经验的人来说的,它主要教授学习者在商务背景下的语言相关技能,同时教授一些商务相关的知识,重点培养学生在一般商务环境下使用英语进行商务交流的能力。目前,在我国的商务英语专业课程中,大部分高校主要开设的是一般商务用途英语课程,而且国内对于商务英语的研究也主要集中在一般商务用途英语方面。

由于商务英语是专门用途英语ESP的一个分支,二者之间有着十分紧密的联系,要对商务英语进行相关分析研究,就需要从专门用途英语ESP开始。

在语言学发展过程中,专门用途英语ESP的出现是一场革命。在这个过程中,人们的重点从研究语言的形式特征转向研究在真实交际过程中语言的应用方式。一般情况下,综合研究认为,在专门用途英语ESP发展过程中,一共有五个基本发展阶段,其中,商务英语是其中一个崭新的阶段,并逐渐发展成为一个交叉学科。

一是语域分析阶段。在这个阶段,专门用途英语ESP主要关注的是语域问题,即句子层面的问题。这一阶段由于普通英语与科技英语在语域上存在差异,重点分析这些语域的语法和语句的特征。

二是语篇分析阶段。在这个阶段,专门用途英语ESP主要关注的是超长句子的语言修辞问题,即为表达某种意义句子之间是如何相互结合的问题。

三是目标情景分析阶段。在这个阶段,专门用途英语ESP主要关注的是"需求分析",即将语言分析与学习者的学习目的紧密结合起来,首先针对英语交际过程中的途径、手段、语言特点、技能等进行分析,然后根据这些分析来设置ESP的教程与教学大纲。

四是技能分析阶段。在这个阶段，ESP主要研究的是如何将语言的使用从表层转向更深的层次。

五是分析阶段。在这个阶段中，主要关注的是语言的学习过程，即将ESP引入教学过程，并设置相关课程、教材等，调动教师与学生的积极性。这时，商务英语逐渐与ESP脱离，成为一个独立的学科。

随着全球化发展，商务英语在不断发展完善中逐渐成为一门新兴的交叉学科。不过，商务英语在中国的发展历程与国外有一些差异，具有一定的独特性。我国的专门用途英语ESP最早可追溯到20世纪50年代，在那时，我国高校开设了外贸英语的相关课程。后来，随着中国经济市场化，复合型英语人才的需求量逐渐增大，商务英语作为ESP的一个分支开始独立发展起来，到2007年，商务英语已经开始成为一个新的独立的专业。实际上，当时ESP与商务英语还处于共存的阶段，一方面，某些高校致力于探索商务英语作为一个独立学科的相关建设问题；另一方面，一些高校仍然还在不断地研究ESP的相关发展。随着商务英语独立学科的发展，它也越来越受到人们的关注，在研究探索中不断地发展完善。

二、商务英语教学模式总述

商务英语教学模式，是多种教学法的总和，这些教学法都是以学生或学习为中心的，如任务教学法、情景设置法、双语教学法等，它们试图在教材建设、课程设置、评估管理机制等方面展现出商务英语与普通英语教学模式的区别性。商务英语教学模式是从普通英语与ESP教学理论的基础上发展起来的。

（一）培养目标

关于商务英语专业的相关培养目标，其旨在培养具备扎实的英语语言基本功，具备国际商务知识与技能，具备跨文化交际能力与人文素养，掌握经济学与管理学相关理论的复合型专业人才。与其他专业相比，商务英语专业的培养目标比较特殊，由于其专业本身为交叉学科，其培养目标也是集外语与商务知识于一身的复合型人才。这不仅仅是由于其交叉学科的特性，还是当今时代发展的必然性，只有这样才能够适应全球化经济时代社会发展的需要。通过对商务英语培养目标具体分析,我们可以发现其具有实用性和双重性等特征,其培养目标不仅包含听、说、读、写等综合运用英语语言的能力,还包括商务专业基础知识与跨文化的实际应用能力。ESP 的培养目标主要是培养特定学科领域的交际技能,如法律、金融、医药等。而商务英语的培养目标更加宽泛,学生要广泛掌握各类商务背景的相关词汇,了解商务活动相关的背景知识与工作内容。

(二)课程设置、教学内容和教材建设

1. 课程设置

随着全球化趋势逐渐递进,商务英语专业人才需求量逐渐增大,对于高校商务英语专业的相关课程设置,我国商务英语研究会审定并发布了相关指导意见《高等学校商务英语专业本科教学要求》(试行稿)。在这个指导意见中,将高等学校商务英语专业所需的知识能力共划分为四个主要模块,这四个模块分别是语言知识与技能模块、跨文化交际能力模块、商务知识模块、人文素养模块。其中,语言知识与技能模块是指学生要掌握英语语言方面的相关知识与应用技能,如听、说、读、写以及词汇、语法相关知识等。跨文化交际能力模块,主要指跨文化思维能力、跨文化沟通能力等。商务知识模块,主要指商务方面的相关专业知识,如管理学、经济学相关知识等。人文素养模块,主要指本国与目的语文化的相关文化素养、政治思想素养、创新思维等。各高校可以根据这个指导意见设置相关课程,安排相关教学计划。

实际上,在实际课程的设置方面,商务英语已经发展得比较系统化,既有英语语言相关知识技能的教授,又有商务专业知识技能的训练。如在三年制商务英语专业教学领域,通常第一学年,商务英语专业相关课程以英语语言相关课程为主,同时兼顾训练专业基础技能;第二学年,开设专业核心课程,如进出口业务、函电等,并在第二学期鼓励学生选修与专业相关的其他课程,拓宽专业范围;在第三学年,设置国际商务相关知识课程,如商务谈判、口译技巧、商务翻译等,将理论与实践相结合,培养学生全面发展。

在本科四年制商务英语专业课程设置方面,其语言类课程与商科类课程设置比例为 7∶3。大一阶段,着重培养学生的英语语言知识与能力;大二阶段,仍然以英语语言课程为主，向学生传授商务类基础知识，培养学生在一般商务环境中的英语交际能力；大三阶段，课程由英语语言知识为主变为以商务专业类课程为主；大四阶段的第一学期，学生主要学习专业类的选修课程，另有两门语言类课程，即口译与高级英语写作，第二学期则基本不设置学习课程，而是让学生进行论文写作，同时开展实习活动，不断锻炼其商务英语的专业技能。

2. 教学内容

在商务英语专业的教学中，其语言能力课程设置比例最高，差不多占总课程的一半；商务知识课程次之，约占总课程的20%；跨文化交际能力课程与人文素养课程各占5%~10%。商务英语专业具有独特性，在商务英语的教学内容中要时刻凸显出它的独特性。在教学内容中同时还要设置一些生动活泼的教学环节，提高学生的参与度，增强学生的自学能力。

3. 教材建设

尽管商务英语是在专门用途英语ESP的基础上发展起来的，但是二者在教材建设上还是有一些差别的。在中国，专门用途英语ESP的相关专业教材不够系统和全面。商务专业英语的教材根据其人才培养目标，主要分为商科教材和基础英语教材。其中，基础英语教材大多都是BEC系列教材或自编的商务英语教材。商科教材大部分都是使用的国外原版教材，如市场营销、管理学原理、经济学原理等。另外，国内也在出版商务英语的相关教材，如商务英语综合教程系列教材等。

与其他教学模式相比，商务英语教学模式具有特殊性，在课程设置、教学方法、人才培养目标等方面都别具特色。比如，在教学方法上，商务英语一般采用双语或全英文教学，使学生们在一个全英文的环境中学习；在师资方面，商务英语专业的教师一般是复合型的教师；在课程设置方面，英语语言类相关课程与商科类课程比例为7∶3；在商务英语的人才培养目标方面，其不仅要培养学生综合利用英语语言的能力，还要培养学生运用商务专业技能的能力等。

（三）商务英语师资培养

在商务英语教学领域，根据培养学生的能力不同，其授课教师主要分为三类：

英语语言教师、商务专业课程教师和商务英语类课程教师。英语语言教师是指，专门向学生教授英语语言方面的相关知识，并不掺杂商务方面的相关知识。商务专业课程教师是指专门传授学生商务专业方面知识的教师，一般由非外语系的经济管理类教师或者有商科背景的外语教师担任。比起上面两种类型的教师，商务英语类课程教师讲述的内容比较多样，其专业学历背景也比较复杂。一部分是具有商务实践背景的英语专业毕业生，一部分是本科阶段主修英语专业，研究生阶段主修经济类专业的学生，不过也有的高校仍是由部分并无商业背景的纯英语专业教师担任。

通过商务英语专业的人才培养目标定位，我们可以知道商务英语教师必须具备相应专业的基本素质，最好还应该有一些商务专业背景或实践经历。因此，在商务英语专业课程方面，最适合的教师便是具有一定商科背景的英语教师。他们不仅熟悉英语教学规律，还了解商务相关架构，能够更加全面地向学生讲授商务英语专业的相关知识。如果这两个条件仅满足一个，对于商务英语教学来说是不够全面的。如果由经济管理相关专业的教师使用中文讲授相关课程，那么就与商务英语专业的教学要求相背离；即便教师采用英文授课，但是由于教师并不了解英语教学的相关特点与规律，也无法取得理想的教学效果。如果教师由专业的纯英语语言教师担任，那么由于其并不了解商务方面的相关知识体系，也很难胜任。

对于一些师资力量比较强的学校，一般情况下，由有商科背景的英语教师主讲商务英语专业相关课程。但是，也有一些学校的师资力量比较薄弱，缺乏复合型的商务英语专业教师，因此，这些学校的商务英语专业课程一般由纯英语语言教师教授。由于这些教师并没有商科相关背景，他们并不了解商务专业相关的理论知识结构，只是采用基础的英语教学模式进行教授，导致教学效果并不理想，商务英语人才培养的质量也不高。因此，目前商务英语专业的师资队伍建设是一个需要着重注意的问题。要解决这一问题，学校可以加大师资引进力度，多引进一些具有复合能力的商务英语专业教师，或者将本校的一些教师选送到高校进行经济管理相关专业的进修，提升商务英语专业人才素质。这些教师经过几年的进修之后，一般情况下，是可以适应商务英语专业的相关教学工作的。商务英语专业是一个边缘性语言学科，具有应用型、交叉型、复合型等特点，它主要包含国际商务与英语语言学两大内容。商务英语专业培养的人才主要具有这几项素质：较强的跨文化交际能力、系统的国际商务知识、深厚的人文素养等。在商务英语专业的人才培养模式中，国际商务与外语密切结合，不过，其专业属性仍是英语语言学，其教学内容、教学手段、培养模式等都始终强调商务英语专业中英语的重要性，商务英语教师也归属于英语语言学学科，而不是商科，这是商务英语专业教学中最根本的原则性问题。因为如果在商务英语专业中过分地强调商务学科的知识，那么，商务英语专业就失去了它的特色和活力，与其他专业别无二致了。

（四）商务英语教学管理机制

随着全球化的发展，商务英语专业人才需求逐渐增大，商务英语的相关教学与人才培养逐渐在各国展开，其中，商务英语的教学管理机制多种多样，不过它主要以四种方式为主，分别是：商务英语学院、商务英语系、商务英语课程组以及商务英语教研室。其中，商务英语学院管理机制，是指将商务英语作为一个学科来看待，属于高等院校设立的一个二级机构，负责管理商务英语学科的学科发展、专业设置、学生招生、学生培养等工作。商务英语系管理机制，是指将商务英语作为一个专业来看待，从属于某个学院之下，负责管理商务英语本科与专科的课程教学、学生培育等工作。商务英语课程组与商务英语教研室管理机制是指将商务英语作为一个课程来看待，它属于某个系的一个从属部分，以课程组为具体单位，负责相关商务英语课程的教学任务。

目前，中国的商务英语教学管理机制主要以商务英语系形式为主。在中国高校内，商务英语学院形式的管理机制比较少，而且其名称也各不相同，如商务外语学院、国际商务学院等。

（五）注重理论与实践相结合

在传统的商务英语教学模式中，教师通常是进行知识理论的讲解，而忽视一些实践性能力的促进。然而，对于商务英语来说，比起理论性的知识，实践性与实用性才是它的本质。传统的知识讲解的教学模式比较枯燥乏味，容易使学生产生抵触情绪，不利于学生的学习。因此，在教学过程中，教师要注意将理论性与实践性相结合，活跃课堂氛围，吸引学生的注意力，增强学生的兴趣，引导学生进行深层次的探究，促进学生创造性思维的发展。例如，在讲述信函相关内容时，教师可以先向学生讲述所学内容的相关背景知识与文化，分配学生担任的信函客体的角色，使学生有一个比较初步的思考。然后再向学生讲解信函相关知识内容、写作格式等。之后再给予学生充足的时间，让学生进行实践练习，增强学生的参与度。当学生练习完成之后，教师还要对学生进行点评，鼓励学生，使学生正视自己的优点与不足，不断提高自己。在商务英语教学课堂上，教师要注意以学生为主体，增强师生之间的交流互动，不断发展商务英语的实践性与实用性。

三、商务英语教学模式具体分析

商务英语包含商务与语言两个领域，它是一门涵盖多个学科内容的交叉学科。在商务英语课程中，教师不仅要培养学生英语语言的能力，还要讲授商务方面的相关知识，要将商务知识与英语语言技能紧密结合起来，培养学生成为国家需要的商务英语专业人才，这就给商务英语教师提出了更高的要求。在新时代，商务英语越来越受到国家的重视，在国际商务活动中发挥着越来越重要的作用。之前传统的教育模式已经无法适应新时代的商务英语教学的相关内容，那么，在这个时代背景下，如何对学生进行商务英语教学，如何完成商务英语教学的任务，如何达到预期的教学目标，在商务英语教学过程中该使用什么样的教学模式等，已经成为商务英语教师需要探究的重要问题。

（一）商务英语教学模式存在的问题

随着全球化与国际贸易化的发展，各国之间的贸易交流日益频繁，商务英语越来越受到许多国家的重视。对于我国来说，目前商务英语的教学还存在着一定的问题。第一，我国商务英语专业缺少统一的教学大纲，也缺少相对比较权威的教材以及比较真实背景下的教材辅助资料，很多高校虽然都已经开设了商务英语专业，但是不同高校之间的教学内容与计划相差很大；第二，商务英语专业的师资力量比较一般，很多从事商务英语教学的教师并没有商务英语的相关学历背景，也没有真实地从事过商务工作，他们并不了解真实的商务相关的工作环境。因此，他们仍然采用传统普通英语教学的模式来进行商务英语教学,不利于商务英语专业人才的培养。而且,他们往往在课堂上对学生使用中文进行讲解叙述,不能运用英文来进行授课,无法给学生提供一个商务英语的环境,无法满足学生本人与商界的需求。而且,仅仅对学生进行书本上的教学也无法满足学生的实际训练的需求,理论与实践不能很好地结合起来。

在传统的普通英语教学模式中,一般在课堂上采取大班授课的形式,一个教师面对几十个学生。由于商务英语的特殊性,它更适合小班授课的教学模式。但是在一些高校的商务英语教学课堂中仍是采用传统的大班授课的教学模式,不利于商务英语教师与学生的交流与互动。

随着时间的推移,社会不断向前进步,许多现代化的教学设施进入课堂,使得商务英语的课堂教学更加直观、高效,同时也增强了学生的积极性,提高了学生的学习效率。

不过在个别高校中,这些现代化的教学设施并没有得到充分的利用,由于维护不及时、数量有限等问题,在商务英语课堂上,商务英语教师仍然是采用传统的教学设施来进行授课,对于一些新兴的外语教学的方式了解较少。

在商务英语教学过程中,教师如何利用好现代化的教学设施,如何采用新兴的教学手段与方法进行商务英语教学,如何利用好网络信息资源等,都是目前商务英语教学过程中应该考虑的问题。

(二)商务英语课堂教学模式的改进对策

目前,在高校商务英语教学方面,仍然存在着很多问题,距其最终的教学目标和要求还有一定的距离。要改善目前高校商务英语教学的现状,缩小与最终教学目标的距离,可以从这几个方面入手:改善学校的教学实施、改善商务英语教材、提高商务英语教师的整体素质等。通过对商务英语课堂模式的改进,最终实现商务英语教学的目标和要求。

1. 与交际法相结合

在我国课堂教学过程中,传统的教育模式始终占据主导地位。中国的传统教育模式就是教师向学生传授知识,学生被动地接受知识。唐代文学家韩愈在其文章《师说》中曾言："师者，所以传道授业解惑也。"这句话的意思是说，教师的职业是传道授业解惑。所谓传道，就是教师向学生传授书中所讲的道理；授业，就是教师向学生教授学业；解惑，就是教师解答学生的疑难问题。其中，传道与授业是教师给予学生的一个过程，教师是知识的传授者，学生是知识的接受者。正是由于中国一直实行这种传统的教育模式，很多学生养成了一些不好的学习习惯，比如被动学习，学生只是被动地接受教师的知识，自己并没有深入思考；依赖性学习，在学习过程中，过分地依赖教师，缺乏自己的见解等。在这种传统教育模式的影响下，很多学生将教师看作绝对的权威，这样并不利于他们的创新思考。当然，这种传统教育模式也并非毫无可取之处，教师可以在教学过程中适当地采取适合的方式，对学生进行教学。教师要尊重学生长期以来形成的学习习惯，保留适合学生学习风格的一些方面。现在，学生一般从小学甚至是幼儿园阶段就开始学习英语了，但是这时学生学习的主要是英语语言方面的知识，直到大学之后，才开始进行商务英语的学习，其商务英语方面的知识还相对匮乏。因此，可以通过传统教育模式来对学生进行商务英语基础知识方面的教学，对商务英语的概念、特征、理论、术语等进行分析介绍，使学生对商务英语有一个初步的认识和了解。在商务英语教学的初级阶段，教师可以采用传统的教学模式，以教师为中心，向学生传授商业英语相关知识。当学生对商业英语有一个初步全面的了解之后，教师可以结合交际法对学生进行商务英语教学，当学生有一定商务英语知识储备的基础后，再培养学生的商务英语交际能力，使学生活学活用。

商务英语是商务专业知识与商务交际能力的结合，因此，在商务英语教学过程中，教师既要注重对学生商务专业知识的教学，还要注重对学生商务交际能力的培养。教师在向学生传授商务英语专业知识的过程中，还要运用交际法对学生进行教学，提高学生的英语交际能力，这也是商务英语教学的目的和要求。教师可以以学生为中心展开一些关于商务贸易的课堂活动，锻炼学生的商务英语交际能力，如案例分析、商务洽谈、模拟操作等。

2. 与学生体验式学习相结合

要想使学生能够更加深入地了解商务英语，就需要将学生带入具体的商务英语情境中。当学生已经了解了基本的商务专业知识与商务技能操作之后，教师可以根据商务英语课堂教学的相关内容设置商务英语的相关情境,运用商务英语的典型案例,使学生进行体验性学习。在特定的商务英语情境中,学生们可以进行独立思考或集体协作,不断提高自己解决问题的能力,在实践中应用自己的商务英语专业知识,同时提高自己的商务英语交际能力。另外,学生还能够正确认识自己,评估自己的不足,不断锻炼自己。运用典型商务案例的手段共有两条基本原则:一是使用案例作为主要教学手段;二是使学生通过商务案例参与学习过程中来,加强深入了解。

起初,这种案例教学方式并没有被人们所重点关注。直到20世纪初,这种案例教学的经验与方式方法才开始逐渐地完善,并在世界范围内产生了很大的影响。现代社会,各国贸易交流增加,世界全球化趋势不可逆转,市场竞争也在逐渐加剧,在这种社会背景下,各国所需的商业贸易人才不断增加,对商务英语专业人才的要求也在不断提升。如今,社会上需求的商务英语的专业人才不仅需要有专业的语言交际能力,还需要有决策能力与反应能力。当今市场竞争加剧,市场瞬息万变,在这种变化多端的情况下,如何准确预测市场,如何快速做出反应,这是商务英语专业人才需要持续发展的能力。要提升学生的快速反应能力、决策能力、解决问题的能力等,就需要让学生真实地接触到商务贸易的情境,真正地融入其中。因此,作为一种有明确目的、以行动为导向的训练方式,案例教学受到越来越多人的欢迎。案例教学法最初受到人们的推崇,其源头是哈佛商学院。哈佛商学院成功运用并实施了案例教学法,并最终培养了许多杰出的工商业人才,这证明了案例教学法的有效。从此,案例教学法开始在全世界范围内火热起来,并成为一种十分成功、有效的教育模式。

在商务案例教学过程中,学生是主体,学生不再是教师知识的被动接受者,而是要积极参与到教学过程中来,自主学习、合作学习、探究学习,与其他同学团结合作,共同解决问题,形成一种开放型的学习氛围,这样有利于学生主动学习,提高学生的学习效率。对于之前传统的教学方式来说,商务案例教学是一种新型的教学方式,是对之前传统教学方式的改革。通过商务案例教学,学生能够不断强化已经学到的商务专业知识,利用商务专业知识解决实际问题,锻炼自己的实践能力。在这个过程中,教师可以不断引导学生,使他们能够自己收集资料和信息，锻炼他们收集资料的能力；引导他们积极思考，对案例与资料展开分析，锻炼他们分析问题的能力；引导他们采用不同的方式手段去解决问题，培养他们解决问题的能力；引导他们与其他同学进行团结协作，提高他们的沟通交流与团结协作能力。所谓"体验式学习"，就是指要学生亲身感受、动手操作，在学生亲自体验的过程中，他们能够获得更加直观的感受，同时也可以获得一定的经验。将商务英语的课堂教学与体验式教学相结合，这就需要将实践放在首要位置。对于商务英语教学来说，这种"体验式学习"主要有两方面的内容，一方面，是指在案例教学过程中，教师让学生进行案例模拟操作，在这个案例模拟的过程中，不断锻炼学生的实践能力，如商务会议、商务谈判、国际会展等。另一方面，教师还可以让学生到真实的环境中进行考察实践，比如教师可以与当地的商检局、海关、企业等单位取得联系，积极创造条件让学生能够在这些环境中进行观摩、考察、实习。通过亲自体验，学生们可以在现实生活中运用自己所学的知识，不断提高自己的商务实际操作能力与商务语言运用能力。

3. 与人才培养相结合

在商务英语课堂上，可以将商务英语的教学方法与人才培养相结合，这种有目的性的教学方式更容易发挥效果。在商务英语教学过程中，其人才培养质量共有软、硬两套指标，这两套指标是根据商务英语人才培养目标的基本要求设定的。其中，硬指标是商务英语专业人才必须要具备的，它主要包括基本技能与素养，如英语语言知识与技能、商务专业知识等基本素养。在硬指标中，英语语言知识与技能的比例是最大的，它占到大约60%，而商务专业知识与技能所占比例为大约30%，其余为商务英语专业人才必须具备的其他基本素质。而软指标，主要是指在硬指标的基础上学生素质的提升与拓展。软指标主要包括国际视野、创新能力、跨文化交际能力等素养。现在，对于学生学习情况与效果的评价，大部分仍是通过平时测验与期末测试等方式来完成的。为了准确客观地反映学生的学习效果，这些测试通常都具有较强的科学性，在测试范围、难易程度等方面与人才培养目标相契合。另外，在实务之中也有一些反映学生学习情况的测试方法可以作为借鉴，例如，要测试学生的商务专业知识，可以通过一些商务类的资格证书考试来进行，如 BEC、国际商务师等；要测试学生的英语语言运用能力，可以通过一些英语的资格类考试来进行，如英语专业四级、英语专业八级等。另外，在进行期末测试时，要注意将它与平时课堂上、课堂外的各种实践相结合，客观公正地评判学生的学习成果，从而反映出人才培养的效果与质量。

四、不同视角下商务英语教学模式创新探索

（一）素质教育视角下商务英语教学模式创新

我国许多高校开设了商务英语相关专业，培养商务英语专业相关人才，不断满足国家的发展需要。对于商务英语教学成功与否的衡量标准，主要是看学生是否具有创新精神以及跨文化的交际能力。在之前传统的教学模式中，学生往往是被动地接收知识，不利于培养学生的创新精神；教师更多的是传授学生相关理论知识，对于商务英语实践活动涉及较少，不利于发展学生的跨文化交际能力。因此，必须要对传统的商务教学模式进行反思，在素质教育的视角下不断探索新的商务教学模式。

创新商务英语专业的课堂教学，才能真正地将素质教育落到商务英语教学的实处，培养学生的创新能力与实践能力。

1. 抓住"问题"的发端

要想培养学生的创新精神，就需要不断启发学生的创造性思维，而要启发学生的创造性思维，一个比较有效的手段就是提问。教师对学生进行提问，不仅是考查学生的学习成果，更重要的是还能启发学生的创造性思维。因此，在商务英语教学过程中，教师要善于提出问题，引导学生针对商务问题进行思考、讨论，使学生的思维始终保持活跃的状态，锻炼学生的思维能力，诱发学生的想象力，不断发展学生的创造性思维。

2. 设置仿真商务情景

要培养学生的实践能力与创新精神，就不能仅在课堂上向学生传授知识理论，还需要一个能够激发学生创造意识的环境。对于商务英语专业的学生来说，教师要将学生放到具体的商务活动情景中，使学生身临其境，自己去感受体验，才能

提高学生的创新意识与能力。因此，在课前，教师要根据教材要求与学生的认知思维特点选择合适的教学内容，设计符合学生的商务功能教学活动。在课中，教师要通过各种教学手段，如案例教学、情景教学等，将商务活动的情景与流程展现在学生眼前，让学生能够在虚拟的环境中体验商务活动的全过程，加深学生对所学知识的印象，不断增强实践能力与创新意识。

3. 调动学生"说"的积极性

商务英语专业人才，其目的就是要在国际商务活动中与别人进行交流，因此，"说"的能力是必不可少的。在商务英语教学过程中，教师要引导学生敢于开口，为学生树立自信心。教师可以提出一个问题，引导学生回答，调动学生"说"的积极性，不过这个问题设置要把握好"度"，既不能太难，也不能太简单。如果问题太过简单，那么学生可能会产生腻烦的心理；如果问题太难，那么学生可能会不知道该怎么说，从而出现冷场，不利于培养学生"说"的能力。教师可以根据学生的学习情况以及教材的要求设计一个比较符合学生真实水平的问题，为学生营造一个比较好的、真实的商务交际氛围。教师要多关注学生，给予他们自信，鼓励他们多参与口语交际活动，对于水平一般的学生更需要给予更多关心和帮助，鼓励他们不断尝试，不断锻炼自己"说"的能力。

4. 教学与科研相互促进

要创新商务英语专业的教学模式，不仅要注重对教学方面的创新，还需要教学与科研相互促进。因为无论是教师传授知识还是学生获取知识，其最终的目的都是要对知识进行创新，而要对知识进行创新，就必须要经过一定的科研训练才能完成。所以，在商务英语的教学过程中，要将科研引入教学过程，在教学与科研相互促进中不断培养创新人才，挖掘学生的科研潜能，鼓励大学生加入科研活动，进行课题研究，从而应用自己所学到的各种知识。教师还要鼓励学生多从不同的途径了解当前的最新信息，从而奠定创新的基础，拓宽思维。当学生在科研过程中遇到困难时，教师应该耐心地对其进行指导，帮助学生勇敢地面对。

5. 改革教学评价体系

要创新商务英语的教学模式，不仅仅要对教学进行改革，还要对教学评价体系进行改革。在传统的考核中，往往只对学生进行单一的笔试考核，这并不能全面客观地展现出学生的水平与能力。因此，要改革教学评价体系，以素质为基础，以创新为目的，从考试的标准、内容、形式等方面进行改革，采用多次考试和多种形式相结合的考试方式，从理论和实践两个方面对学生进行考核。另外，在考试的命题方面，要减少记忆性知识的比重，增加一些能够体现学生创造性能力的考核内容，标准答案并不是统一的，要多设立一些开放性的答案。同时，教师不要仅对学生的课堂学习情况进行考核，还可以对学生的一些校外实践活动进行相应的等级测试，完善对学生实际创新能力方面的考评。学生平时的一些课题研究、发明设计、科研项目等所取得的成绩也可以记入考核体系中，全面、综合对学生进行考核，不断地激励学生。

6. 增强世界文化意识

对于商务英语专业来说，商务英语交际能力十分重要。它不仅需要有商务英语的基础知识，还需要对世界语言文化有一个比较深入的了解，只有这样，才能够确切地用英语表达自己的思想和情感。因此，在商务英语教学过程中，教师要向学生介绍世界语言相关文化，引导学生不仅要重视语言形式的准确性，还要注重语言是否运用恰当。教师可以在课堂上放映一些英语相关的电影、电视节目，使学生能够在一个英语环境中感受这个国家的文化。教师还可以鼓励学生多阅读一些英语文学作品，加深对其价值观念与文化的理解。不过，教师在向学生传递目的语文化的过程中，也不要忘记强调本民族的文化，要使学生能够在本土文化的基础上发展跨文化交际能力，这也是目前需要仔细考虑的问题。

（二）多模态实践视角下商务英语教学模式创新

设立商务英语专业，其目的就是为了满足商务国际活动交流中的需求。因此，在商务英语教学过程中，比起理论，其实际操作能力才是最重要的。在商务英语的专业课程体系中，一定要注重对学生实践能力的教学，这也是商务英语专业的办学宗旨。不过，在传统的商务英语实践教学中仍然存在一些问题，比如，实践教学的手段比较单一，实践教学的内容与现阶段的发展不能够契合匹配，实践教学的形式比较死板等。很多关于商务英语实践教学的课程，实际上只是一种形式上的表现，并没有从内里深入分析，从而导致无法实现教学的目标与要求。在多模态教学理论中，学习的实践性与情境性受到重视，通过借助互联网技术与多媒体技术实行多模态商务英语的教学模式，可以形成一种交互式的教学模式，为学生提供一个三维立体的实训环境，有利于提高学生的实际操作能力。因此，我们要在多模态实践视角下进行商务英语教学模式的创新。

1. 实践教学内容及教学手段的多模态设计与实施

在商务英语的教学过程中，教师要对学生进行理论知识的讲解以及实践内容的教学。其中，商务英语的实践教学内容一共包括两个部分，这两个部分分别是英语语言基础能力训练和商务专项能力实训。

英语语言基础能力训练，这是商务英语实践教学内容的第一部分，也是最为基础的一个部分。在这个部分，教师要教授学生听说读写的相关内容，讲授英语语言的相关知识，锻炼学生的英语语言应用能力。在这个部分的教学过程中，教师不能仅采用一些"单模态"的教学手段，比如，黑板、粉笔等，还要采用一些其他的传播媒介，比如互联网、投影仪、电脑等。教师要多扩充学生们获取信息的渠道，为学生创造一个更加真实的语言交际环境，促进学生自主学习与探索的能力，引导学生对新知识进行意义构建。

在对学生进行商务英语教学时，可以进行深度的模态转换，这样可以促使学生更加积极地学习，有助于增强学生的学习兴趣，提高学生的学习效率。例如，以商务英语的阅读课为例，它要求学生掌握很多词汇，了解基本的句子结构，具备基本的语言理解能力，还要求学生要有广博的背景知识。在传统的教学课堂上，通常是教师对学生进行灌输式讲解，学生被动地接收知识，双方之间缺乏互动，课堂氛围也并不积极。而如果使用多模态教学模式，教师可以在课前就将接下来要学习的内容传送给学生，指导学生收集与之相关的背景知识。在课堂上，教师对重难点知识进行讲解，然后与学生进行互动，针对学生不理解的内容进行答疑解惑。同时，教师还可以向学生提供更多的视频资料，拓展学生的视野，增强学生的学习兴趣，提高学生的学习积极性，不断活跃课堂氛围。

在商务专项能力实训部分，教师要培养学生跨文化商务交际能力与商务专项从业实践技能，如商务谈判、推销产品、组织会议等。其中，学生主要学习的课程有商务谈判、商务礼仪、计算机应用、国际贸易流程实训等。在商务专项能力实训部分，最主要的特征是锻炼学生的商务专项技能，引导学生体验商务活动相关情景。因此，在商务专项能力实训教学过程中，要时刻体现演示、活动的特点，让学生在一个多维、立体的实践操作环境中进行体验，不断丰富学生的经历，积累经验。目前，有一些高校已经采用软件技术设立了相关实训的具体情境，如"Sim Trade 外贸实习平台""亿学 3D 仿真商务英语综合实训系统"等。这种 3D 仿真技术能够让学生身临其境，使他们感受到真实的商务活动情景。例如，3D 动画人物可以引导学生体验各种商务流程，如求职面试、客户接待、业务洽谈、商务谈判等。在商务软件平台上，学生通过身临其境能够明确商务活动的基本流程，锻炼商务活动所需的各种技能。除了这种方式之外，教师还可以利用多媒体教室来对学生进行商务专项能力的实训。

2. 实践活动形式多模态设计与实施

在商务英语的实践活动形式中也可以采取多模态的设计与实施方法，当然，最终如何设计，要按照不同的教学目标。为了使学生能够更好地获得商务英语专业必须的技能与经验，教师要采取多种教学形式，吸引学生的注意力，增强学生的兴趣，使他们自主学习，探索学习，不断锻炼自己的能力，提高自己的技能。例如，在语言基本能力实践课中，教师首先要充分利用课堂的基础资源，如黑板、粉笔等，再配备一些多媒体资源，如 PPT、投影仪等，在教学过程中要时刻注意自己的情绪、声音、肢体语言等，通过将不同模态的转变整合起来，增强学生对所学知识信息的内化，加深学生的记忆，增强学生的理解。同时，教师还要大力开展一些课外活动，对课内的知识教学进行延伸。例如，举办一些与英语相关的演讲比赛、词汇比赛、英语文化节等。通过运用这些多模态资源，加深学生对于英语文化的理解与运用，给学生一个展示自我的平台。在商务专项能力训练模块中，教师可以向学生介绍商务仿真软件平台，让学生身临其境，真实地感受商务活动的场景与流程，提高学生的商务实践能力。教师可以设置一个"商务谈判"的情境，在之前的商务专业知识的基础上，对学生进行实践教学。教师可要求学生自行分成几个小组，小组同学按照商务谈判的相关流程进行实践活动，然后学生上台展示，由教师与学生一同点评。在这个实践活动实施的过程中，学生要充分利用各种渠道寻找自己所需的信息与资源，不断收集信息、分析信息、制作相关视频与PPT资料，最终完成实践活动。小组内各个成员需要团结协作，每个人都要承担自己的责任，发挥自己的力量。这种实践操作活动不仅考查了学生的商务英语的相关专业知识，还通过资料收集、团结协作、解决问题、活动组织提高了学生的商务实践能力。

商务英语教学的最终目标是培养在国际商务活动中能够独当一面的应用型人才，这就需要学生既要有良好的英语语言交际能力，还要具有深厚的商务专业知识，同时还要对其他国家的文化有所了解。然而在传统的单模态教学模式中，很多学生并没有能够参与实践活动的机会，学生通常只是被动地接收知识。多模态的教学模式强调学习的实践性与情境性，它是一种协作化、模块化、个性化的教学模式。在商务英语专业课堂上引入多模态教学模式，能够使学生要学习的知识变得具象化、实体化，有利于学生更加深入地了解，同时还能够将理论知识与实践经验相结合，不断强化学生对于知识的理解记忆，锻炼学生的商务实践能力。因此，在商务英语实践环节中，教师要充分利用多模态教学理念，加强对学生英语语言与商务知识的实践操练，使学生最终成为一个具备英语语言交际与商务专业技能的应用型人才。

（三）建构主义视角下商务英语教学模式创新

在传统的教学模式中，通常是以教师为主体，其教学比较偏重"教师导向"。在这种课堂环境下，教师向学生传授知识，学生被动地接收知识，这种灌输型的教学模式不利于学生的自主学习。在传统教学模式中，由于课堂教学始终受教师单方面的控制，学生并没有积极地参与到其中，他们很难对学习的情境进行调节与控制。而在"学生导向"的课堂环境中，主体发生了改变，此时，教师不再是主体，学生成为主体。在这种课堂环境中，课堂的氛围十分积极活跃，学生能够积极自主地参与教学过程，不仅能够提高学生学习的效率，而且还能够锻炼学生的自主能力。

在建构主义的教学理论指导下，对商务英语的教学模式进行创新，应该注意的是要始终强调以学生为中心，教师可以对学生进行引导，但是不能一味地对学生进行理论知识灌输。教师可以在多个方面对学生进行引导，如自主学习的策略设计、研究性学习、合作性学习等，指导学生对所学到的知识进行意义建构。这样，在教学过程中，学生可以不断发挥自己的创造力，还可以将知识进行外化，在不同的情境中应用所学的知识，不断锻炼自己的能力，同时进行自我反馈，通过对反馈的信息进行分析，最终正确认识自己，不断解决问题。

另外，教师还可以将课内教学与课外教学相结合，既在课堂上进行知识教学，又在课堂外进行实践教学。教师还可以将学生个性化的自主学习与教师的指导结合起来，始终以学生自主学习为中心，建立一个个性化、多样化的教学模式。这样，课堂内外双重教学，能够强化学生的知识记忆，提高学生的自学能力。商务英语的相关教学，从课堂延伸到杂志、网络等多种课外渠道，能够提高学生的整体商务英语水平。

1. 营造贴近商务现实的学习情境

在建构主义理论中，要使学生完成对商务英语的意义建构，这就需要强调"情境"的作用。在学习过程中，"情境"是十分重要的，学习并不是一个悬浮着的东西，它是要建立在一定的社会文化背景上的，在真实的情境下学习，才能够缩减理论知识与现实的差距，才能够更好地解决问题。因此，在商务英语的教学过程中，教师要尽量给学生营造一个真实的商务活动环境，使学生在情境中学习。教师既要培养学生的语言能力，还要教给学生相关的商务专业知识。在商务英语教学过程中，二者之间的关系始终是教师与研究者讨论的焦点。目前，最能够被大家接受的就是"以内容教学为中心的语言教学模式"。在此基础上，雷春林教授提出了"基于商务内容的英语语言教学"的理念，被人们广泛认同。商业英语的教学模式，应当是语言教学活动与主题内容二者的融合。商务英语中的商务内容大多都是"情境"化的，这些情境一般是主题化、系统化的，而且这些情境中还包含有一定的内在逻辑。比如，在一些涉外商务情境中，包含建立业务关系、商务谈判、通关、银行结算、业务善后等。在教学过程中采用构建情境这一教学方法有一个前提，那就是教学内容应该是可情境化的。而且教学内容可情境化的程度越高，采用这种教学方法产生的效果也就越好。

在商务英语的教学过程中，可以采用抛锚式教学法，这种教学法是以建构主义理论为基础的。抛锚式教学法也可称为"实例式教学"，它是以真实的问题或事例来进行教学,其中这个真实的问题或事例就被称作"锚"。抛锚式教学的主要环节是:首先,设计好一个真实的"锚",然后根据这个"锚"对学生进行组织教学;其次,引导学生不断学习,找出解决办法,最终消除这个"锚";最后,教师对学生解决问题的效果进行评估。

2. 建立有效的"协作学习"

所谓协作学习,就是指学生之间互相合作,以小组的形式互助学习,它与学生个体的学习是不同的。协作学习的步骤是:首先,学生要正确地认识自己,根据自己的实际情况,找到与自己的性格、学习状况等比较契合的学习伙伴,这个过程是一个主动的过程;其次,学生与合作伙伴要适应双方的性格特点,在经过一段时间的磨合之后,根据教师提出的问题,共同寻找相关资料,学习相关知识,互相沟通交流,表达自己的意见与看法,互相支持,互相鼓励,最终达到学习最大化。在小组内部成员互相协作学习时,要注意每一个组员都有着不同的责任与义务,每一个成员也对工作做出了各自的贡献,在协作学习的过程中,小组中的每个成员都是必不可少的。针对协作学习有多种基本模式,如辩论、设计、角色扮演等。在商务英语教学过程中,协作学习的流程大致如下:

(1)划分协作小组

教师以学生的性格特点、学习情况、相关特长等作为一个简单的标准,将全班学生进行分组,尽量确保组内各个成员能够取长补短。

(2)制定学习目标、分配任务

教师对学生进行分组之后,组内成员首先要相互交流沟通,制定统一的标准,确立明确的目标,各个成员要明确自己的职责与任务,各司其职,共同为了一个目标而努力。

(3)搜集整理学习资料

针对某个问题,教师可以向学生提供一些能够获取资料的渠道,如网络技术、多媒体等,引导学生积极主动地去搜集资料,培养学生自主学习的意识,努力完成任务。

(4)协作研讨

在搜集、整理相关资料之后,小组成员可以互相交流讨论,提出自己的意见与看法，取长补短，将组内所有成员的信息进行汇总、整理、分析，求同存异，最终得出研讨结果。

（5）评估学习效果

在各小组完成任务之后，还要对最终结果进行评估，评估的方式可以是自评、互评、教师评估，利用多种评估方式多层次、全方位地对小组的结果进行评判，并给予学生反馈，促进他们不断向前发展。

3. 强化多元的信息资源

在传统的商务英语教学模式下，个别教师只是对学生讲述教材上的相关知识内容，并未对这些内容进行扩充与拓展，信息量比较少，对于学生来说，他们无法利用这些有限的知识信息进行意义建构。因此，教师不仅应该丰富课堂上的商务英语的相关知识，还要引导学生进行资源检索与自主学习。随着时间的推移、社会的进步，现在的网络信息技术得到了很大的发展，教师要时刻关注学生的信息技术素养与多媒体素养，引导学生获取、识别有效的资源，同时，教师还要教授学生如何对这些有效资源进行合理利用，从而引导学生进行学习资源的情境建构，帮助学生进行自主学习。另外，教师还可以利用多媒体与虚拟现实技术，设计一些真实的商务活动环境，进行沉浸式、体验式、交互式教学，使学生能够在直观的学习环境中强化自己的专业知识，锻炼自己的能力。

另外，在商务英语教学过程中，一定要注重培养学生的实践能力。在实践中，学生能够强化对知识的了解，同时还能够锻炼自己的能力。因此，在教学过程中，学校可以与一些商务英语相关的公司、企业进行合作，让学生在真实的商务活动环境中开展实习，不断提高自己的竞争力。

在建构主义理论中，十分注重对学生的自主学习能力、协作能力与意义建构能力的培养，当它施行在商务英语教学过程中，其核心原则就是要促进学生主动思考，不断拓展思维，从而发现问题、解决问题。

第三节　商务英语的教学方法

一、项目教学法

（一）项目教学法的发展及意义

项目教学法又称项目驱动教学法，是一个来自英语的意译词，其英文全称为Project-based Teaching Method，最早是由美国的教育专家Kilatrick在其论文《项目教学法》中提出的，之后迅速风靡全球，特别是20世纪70年代的北欧和中欧更是将项目教学法应用在各大中小学。当今很多的教育改革运动，如综合学习运动、实用教学、社区教育运动等都大力提倡项目教学法。美国作为最早应用项目教学法的国家，教育专家和社会学者对于项目教学法进行了更为深入的研究，即使之后出现了更多的教学方法，如探究学习、问题教学等，项目教学法仍然被认为是最佳和最适当的教学方法之一。"项目理念"源于17—18世纪，当时的人认为该词的含义同"案例分析"相似，项目教学和试验、案例分析和沙盘演练既有相似之处又有不同之处，相似之处在于它们都是特定职业内的专业化术语，如试验是科研人员的专有术语，案例分析是法理学家的专有术语，沙盘演练是行政人员的常用术语，而项目则是教育领域的专有术语；它们的不同之处在于，试验是科研人员对过去经验积累的基础上进行创新，案例分析是法理学家对已有案例的解释，沙盘演练是行政人员对于当前问题提出解决策略，项目教学则是一种"建造"性的学习。项目教学法中，教师根据教学大纲设置不同项目，并通过"项目"的形式进行教学。对于传统教学来说，每门课程是一个个独立的学科，课程内的知识彼此孤立，学生学到的都是零散的知识，项目教学法为了使学生形成完整的知识体系，将多门课程知识囊括在一个项目中，教师在教学中担任引路者的角色，让学生独立处理项目。每一个项目都由信息收集、方案设计、项目实施及最终评价四部分构成。项目教学法是一种典型以学生为中心的教学法，学生不仅要了解项目的进程，而且要把握每一个环节中的基本要求。

（二）项目教学法的优势

传统的教学是"注入式"教学，教师在课堂中占据领导地位，学生只是被动地接受教师传授的知识，这种教学模式使学生严重依赖教师，容易形成惰性，不仅不利于学生的学习，对于学生未来的工作和生活也会产生负面影响。项目教学模式是一种实战型教学模式，教师在教学活动中不再处于中心位置，以讲授课本中的知识作为教学内容，而是扮演"引导者"的角色，根据教学要求和学生的需求设计相应的项目，学生在解决项目中的任务时，不仅学到了知识而且锻炼了能力，最终取得令人满意的教学效果。传统的教学模式具有教学理念落后、教学方法陈旧的缺陷，造成课堂教学效果不佳。项目教学法突破了传统教学模式的限制，将学生作为教学的主体，以培养学生的职业素质和创新能力为目标，通过设计与学生未来规划有关的项目来引导学生独立思考，提高课堂教学效率。

（三）项目教学法在商务英语教学中表现出的特点

有关专家表示：将项目教学法应用到商务英语教学中，根据未来的职业特点设置相应的项目，让学生在解决项目的过程中掌握与他们将来的职业挂钩的知识和技能。总结这些学者的观点，可以发现项目教学法主要有下述特点：

第一，项目教学法具有实践性。教师在设置项目主题时要以学生的认知能力为基础，贴近学生的实际生活，只有这样才能使学生的学习更加具有针对性和实用性。

第二，项目教学法具有自主性。项目的设置要考虑学生的成长背景和兴趣爱好，激发学生参与的积极性，让学生根据自己的兴趣选择内容和展示形式的决策机会，从而有效促进学生创造能力的发展。

第三，项目教学法具有发展性。教师在设置项目时既要考虑到当前的教学目标，又要考虑到学生未来的职业规划，实现阶段项目和长期项目相结合，从而实现学生的全面发展和进步。

第四，项目教学法具有综合性。要将多学科知识囊括在一个项目中，提高学生的综合能力。

第五，项目教学法具有开放性。学生可以采用多种方式、方法来探索主题，自由地表述自己对于项目的看法和评价。

综上所述，商务英语引入项目教学法不仅有助于培养学生的实践能力，使学生将学到的理论知识融汇到实际操作中，而且有利于学生的整体发展。项目教学法是一种建构性的学习，强调学生在项目中的每一次成长和进步。

（四）项目教学法在商务英语教学中的适用范围

商务专业基础课程作为商务英语专业的必修主干课程，属于本专业的专业知识和技能类课程，其教学目标为要求学生掌握有关商务领域的基本概念和商务技能的运用技巧，强调培养学生的能力，如获取知识的能力、发现问题及解决问题的能力，侧重于培养学生独立思考能力和创新能力。如商务活动中经常需要给合作伙伴发邮件，如果想向对方提要求时，为了更加尊重对方，可使用"I would like"，尽量不要使用"I want"（想要）以免引起对方的反感；如果想向对方请求建议使用"I am interested in"（感兴趣）更加地合适；如果想要表达自己愿意承担某项工作，可以用"I'd be happy to do that."（我很乐意做），反问句"Is there anything else you'd like me to do？"同样体现了自己积极乐观主动承担的态度。

在实际教学中，教师可以根据教学的需要将以上例子融入项目中。为了引起学生对于新知识的注意，教师可以设计有趣的问题来导入新课，如教师可以向学生提问：English a Boss Like to Hear（如何讨老板欢心），引发学生的思考和讨论，然后利用工作中的实际场景进行讲解。

（五）项目教学法在商务英语教学中的实施

当前语言教学过程存在这样的问题：人们会将语言的各个组成部分如语音、语法、词汇等分开来进行对比研究，但是语言系统本身是一个整体且在不断变化发展，影响语言系统变化的因素有社会环境、遗传因素、个人不同的背景等。商务英语教学中有时会出现过度关注语言系统各组成部分而忽略整体变化的现象，项目教学法的应用就可以很好地克服这一点。项目教学法理论基础是建构主义，不仅强调人们对于知识的建构，同时也指出认知、情感以及社会文化等因素对于人的全面发展起着积极的推动作用。项目教学法对于华生和斯金纳为代表的行为主义语言发展观点持赞同态度，承认语言的学习过程是一个不断模仿和练习的过程，人们要想真正学好一门语言，离不开大量的模仿和练习。

二、交际教学法

语言教学可以说是一项在教学理论或原则指导下、教师指导学生解决问题的活动。教师的课堂教学活动都是在某种理论或原则的指导下进行的，教学的成功离不开理论的正确指导，在于教师采用与理论相适应的教学手段，并根据学生的具体情况发挥个人的创造性。

（一）交际教学法的内涵及其主要特点

交际教学法是一个来自英语的意译词，其英文全称为Communicative Language Teaching Approach。不同的学者对于交际教学法有着不同的解释，有的学者认为英语中的 Functional Notional Approach 即功能—意念法，有的则认为语意—意念法（Semantic-Notional Approach）的表述更为准确，不管是哪种解释，它指的都是既培养学生语言能力又培养他们交际能力的教学方法。交际教学法不是凭空出现的，它是教育学理论、社会语言学及心理语言学发展到一定阶段的产物，特别是20世纪60年代美国语言学家乔姆斯基提出的语言天赋论和转换生成语法掀起了语法教学的旋风，20世纪70年代海姆斯在乔姆斯基学说的基础上提出的语言交际能力学说标志着交际法进一步走向成熟。交际法语言教学理论的宗旨就是培养学生的语言交际能力。传统教学法的教学目标是传授学生英语知识，考查的重点是学生是否掌握了英语知识，至于学生是不是会正确应用这些知识，教学目标中只是一带而过，没有详细说明。交际教学法注重情境性和活动性，要求教师为学生提供真实的交际情境，从而帮助学生学习语言，提高交际能力。

事实上，人们学习一门语言的最终目的就是可以和他人能够顺畅地沟通交流，语言在人们日常生活中就是传递信息、表达思想感情的工具。交际教学理论就是基于语言的工具性特征而构建的，强调语言使用的恰当性。也就是说，人们学习语言如果仅了解语言系统成分的正确用法是远远不够的，还必须恰当地使用语言，即在不同的场景中使用不同的语言。要想根据场合准确、恰当地使用语言，并不是一件容易的事，它不仅要求人们掌握学习语言的规则，知道如何正确地发音，词组之间如何搭配等，还要求人们掌握语用规则、特定的文化习俗等。随着社会经济的发展，国家和国家间的交往日益频繁，社会对于具有良好交际能力的外语人才的需求不断扩大，如何更加方便地交流成为社会各界思考的热点问题，基于此，应用语言学家H.G.威多森提出了交际教学法，他认为学会一门语言的词汇和句法的语言规则只是语言学习中最基本的事情，更重要的是在语言交际中恰当地应用，这才是语言教学的根本目的。该理论的确立反映了现代社会对外语教学的目标要求。

（二）交际教学法在商务英语教学中的应用

外语教学的根本目的是培养擅长交际的外语人才，这些外语人才在面对不同文化背景的合作伙伴时能够流利地进行交流，这是外语教学的指导思想。商务英语教学也不能背离这一教学宗旨，甚至商务英语教学对于涉外交际人才的培养目标提出了更高的要求，不仅要求人才具有优秀的语言技能，还要具有丰富的专业技能，只有二者兼备的复合型涉外交际人才才是符合用人单位需求的高端人才。这同样是当今社会对外语教学的新要求。思想意识具有指导实践生活的作用，既然商务英语教学的目标已经明确，那么就需要选择科学、可行的教学理论来开展教学活动。如上所述，正是社会对于涉外交际人才的需求数量的与日俱增，对于涉外交际人才的能力也在不断提高，交际法语言教学理论这才应运而生，并且迅速流行起来。该理论的核心思想就是培养学生的语言交际能力，因此将交际法应用于商务英语教学中是可行且恰当的。

1. 采用"分两步走"策略

交际教学法认为，语言是交际的手段，提高学生的跨文化意识是语言教学中的重要环节，"分两步走"是教师在组织教学活动时经常使用的教学策略。商务英语和普通大学英语最大的差异之处在于，大学英语强调语言技能的掌握，商务英语不仅要求学生熟练地掌握英语技能而且要具有丰富的商务专业知识。这就要求教师在教学的过程中，既要注重对学生语言技能培养，使学生听、说、读、写、译等方面的能力得到大幅度的提高，还要重视商务专业知识讲授，使学生具有扎实的商务专业知识。交际法教学原理已经充分表明，语言学习的宗旨就是培养学生运用不同语言进行交际的能力，因此语言学习不仅要学习语言的系统成分，还应该重视语言的实际应用。为了顺利完成教学目标，教师在商务英语教学中可采用"分两步走"的教学策略来开展课堂教学。所谓"分两步走"是指教师的教学安排由两个环节构成：第一个环节，也就是第一步，教师的教学任务是向学生讲授基本商务专业知识，如教师可以向学生介绍商务专业的基本理论，阐述商务专业中的基本概念、专业词汇等，从而使学生对于商务专业能有较全面的了解。在这个环节中，整个教学活动要围绕教师展开，课堂教学中教师要尽量使用英语来授课，对于专业知识的讲解要准确、详尽。这就要求教师不仅要有娴熟的语言技能，而且要具备良好的专业素养。第二个环节，也就是第二步，教师的教学活动要以学生为中心，根据教学需求组织形式多样的课堂活动，如专项讨论、案例分析、辩论、模拟洽谈等，通过开展大量的商务技能训练，培养学生的语言技能，提高学生商务技能应用能力。商务英语是一门应用性很强的学科，教学目标聚焦于培养具有语言技能和商务商业知识的复合型人才，要求学生毕业后能够准确熟练地应用学到的知识，因此，实用性和操作性是商务英语最显著的特征。有关研究表明，组织丰富多样的课堂教学活动对于培养学生的综合能力，提升教学质量有着积极意义，因此根据教学目标的不同，设计不同的课堂教学形式不仅是可行的，而且是必要的。值得注意的是，教师组织课堂活动时要围绕商务专业知识和技能来进行，着力营造一种商务氛围，将商务技能融合在语言教学中，从而取得最佳的效果。事实上，教学过程中的这两个环节是相伴相生的，两者密不可分。第一步是第二步的基础和必要条件，第二步的展开依托于第一步的顺利实施，是第一步的目的和归宿。"分两步走"充分体现了交际教学法对语言教学的要求，使语言技能与专业知识有机地融合在一起，实现了二者的融会贯通。

2. 重视基础知识和语言特征分析

交际教学法是一种既培养学生语言能力又培养其交际能力的教学法，将交际教学法作为商务英语教学的指导思想，就要求教师在教学的过程中既要向学生讲授商务专业的基础知识又要强化学生商务英语语言特征的分析能力。语言交际能力的培养不是一朝一夕就可以实现的，需要进行长期的语言练习，学生只有准确地掌握语音、语法及词汇的各种规则，才能够熟练地运用语言，可以说，语言规则的学习是培养语言交际能力的前提和基础。因此在商务英语的教学中，对语言系统知识的讲解是符合交际教学法客观要求的。现阶段，我国的大多数高等院校都是在英语专业的高年级阶段才开设商务英语类课程的，这一阶段的学生经过前两年的学习已经具备了较扎实的英语语言基础，对于普通语言知识他们都有了较全面的了解，因此无须对普通语言知识进行精讲。大部分高校在低年级阶段以讲授英语技能为主，因此低年级阶段的学生基本没有接触过商务类课程，对于国际商务基础知识、基本概念等内容很陌生，更别说是那些技术术语、专业词汇及缩略词更是觉得难以理解和掌握。为了能够让学生在最短时间内掌握商务领域的基础知识、操作流程，教师应将教学的重点放在向学生介绍商务类课程中的基本概念、专业词汇及术语上。如讲授国际货物贸易时，教师应重点向学生讲解有关货物的数量、品质、包装，以及货物输前的准备工作及如何根据货物的特点选择合适的运输方式，货物到达后如何进行检验，当出现不可抗力时如何向保险公司进行保险索赔等，教师要将整个教学内容作为一个整体系统讲解，并向学生详细讲解国际货物销售合同，使学生从整体上加以把握。此外，商务英语作为一门语言，有着较为明显的语言特征，如要求进行语言交流的双方要做到用词规范、句子结构严谨、正确使用惯用术语和缩略词等，这是教师在进行商务英语教学时需要重点关注的问题。教师在讲授普通英语时应将重点放在语言系统中，对于语言系统的特征和构成进行详细的阐述，而教师在讲授商务英语时，应重点分析和讲解商务英语的语言特征，特别是商务英语中的常见用法、容易混淆的用法或者是距离学生实际生活较远，学生很难理解的专业词汇、技术术语、缩略词等更应该进行详尽的分析、比较，以便使学生能够清楚地理解和运用。下面以商务英语的专业词汇为例进行分析：

商务英语的语言特征之一就是频繁地使用专业词汇，这些专业词汇蕴含着深层的含义，是商务英语学习的重点，同时也是学生学习过程中的难点。比如，"国际贸易术语解释通则"这门课程涉及了国际贸易中的买卖双方的权利义务划分、风险转移、运输方式、保险等规定，为了避免因各国不同解释而出现的不确定性，将这些规定浓缩为 13 个价格术语，而且这些价格术语又用缩略词的形式出现，如 FOB 是离岸价（Free On Board）的缩写，CIF 是包含保险的到岸价

（Cost+ Insurance+ Freight）的缩写，CFR 是不包含保险的到岸价（COST AND FREIGHT）等。作为国际贸易惯例，这些价格术语明确了买卖双方的权利和义务，当合同履行出现争端时就可以运用价格术语来解释。此外，还有许多普通词用作术语的例子：

（1）We are sending you the offer subject to our final confirmation.

（2）Please establish the confirmed LC 20 days before the date of shipment.

（3）The seller shall present the following documents required for negotiation/collection to the banks.

例句中 offer，confirm，negotiation 及 collection 都是英语中的常用词汇，其中 offer 的一般含义为"提供"，confirm 可以翻译为"确认"，negotiation 指的是"谈判"，collection 的含义则为"收集"，但是这些词汇在商务英语中表示的却是完全不同的含义，它们在商务英语中代表的是专业词汇，如 offer 指的是"报价"，confirm 指的是"保兑"，negotiation 指的是"议付"，collection 指的是"托收"，可以说是与普通用法截然不同。这些词汇在商务含义中包含了丰富的专业知识，如果学生不能正确地理解其特定含义和特殊用法，就会影响商务活动的顺利进行，甚至有可能因为误解了某个专业词汇的含义而产生严重的后果。

3.强化商业文化意识

交际教学法的一个显著特点就是强调要恰当地使用语言，即要求学生根据不同的场合恰当准确地使用语言。这就要求在语言交际过程中，学习者不仅要掌握语言的基本规则，如能够准确地发音，恰当地使用语法和词汇，而且还应把握语言文化中所蕴含的各种语用规则、交际风格，从而使交际顺利进行。

（1）在经贸洽谈方面

涉外经贸洽谈过程中，如果不了解谈判人员的性格特点、谈判人员所在国家特有的文化习俗等就有可能引起商业文化冲突。事实上，很多谈判人员在参与商贸活动时经常会按照自己的文化价值观来揣测对方的行为，从而为商贸活动的开展造成负面的影响。因此商务人员在进行涉外经贸洽谈时要认真调查对方国家的文化习俗和文化背景，把握对方的性格特点，避免"文化参照"，以便在谈判中处于主动地位。

（2）在涉外商业广告设计方面

不同的生活环境孕育了不同的文化，生长于不同文化背景中的消费者有着不同的消费心理、品位及爱好，因而在涉外商业广告设计方面，也会面临诸多文化因素的干扰。这就要求广告设计者在进行涉外广告设计时要充分了解异国文化背景，特别是那些能够反映该民族文化的语言词汇必须要深刻地理解、正确地把握。如在为某食品公司的奶酪设计涉外广告时，为了烘托主题，可以在奶酪旁边放一杯饮料，至于饮料的类别要根据广告传播国家消费者的饮食传统和消费爱好适当地进行改变，当该则广告要在德国播放时，考虑到德国消费者最喜爱的饮料是啤酒，且"啤酒"一词在德国有着丰富的文化底蕴，为了迎合消费者的品位和消费心理，一大杯起泡沫的啤酒是最好的选择；当该则广告要在法国播放时，红葡萄酒在法国有着悠久的历史，且受到了法国人的广泛喜爱，将一杯红葡萄酒放置在奶酪旁，更能迎合法国消费者的心理。由此可知，对异国语言文化的理解程度决定了一则涉外广告是否成功，是否能够传递广告主题，是否能够充分发挥其商业价值。这就要求教师要适时地向学生介绍不同国家之间商业文化的差异，强化学生的商业文化意识，增强对商业文化的敏感性。

4.强化语言技能及商务技能

在具体教学活动中，教师可根据教学内容的安排，有针对性地选择合适的教学手段，组织学生进行商务、语言技能的训练。常用的教学手段主要有以下四种：

（1）课堂辩论

教师可以借鉴现实生活中的商贸活动，设计一些典型的案例，比如，国际贸易中贸易争端时有发生，引发贸易争端的因素是多种多样的，如当事人双方可能就货物质量、交货时间、货物保险等方面存在分歧从而引发争端，国际投资中也会因为双方对生产、管理及利润分配等方面无法达成一致意见而引发纠纷。教师可以将这些经典案例引入教学中，要求学生运用所学的知识分析这些争端和纠纷，并提出解决方案。

国际中解决争端的方法一般有四种，分别是协商、调解、仲裁和诉讼。针对不同的争端有着不同的解决方案，教师可组织课堂辩论，让学生就不同的解决方案进行分析、辩论，总结不同解决方案的优势和弊端，进而认定哪种方案更为合理。

（2）模拟洽谈

国际商务活动由国际贸易和国际投资两部分构成，无论是开展国际贸易还是国际投资都以国际洽谈为基础。基于此，教师可在教学过程中模拟国际洽谈，这样不仅可以锻炼学生的语言技能，而且可以强化他们的商务技能。教师在组织国际洽谈时，首先要根据教学需要选定合适的主题，如订立销售合同、专利转让、合资经营、委托销售等都可作为洽谈主题；其次根据学生平时的课堂表现分成几个小组，并将"外方代表""中方代表""翻译"等角色分配给学生，让学生通过真实的情境演绎，真切地感受所扮演角色的语言风格和性格特征。在交流中，学生可以发现自己学习中的不足之处，进而找出有效的解决方法，全面提升综合素质，为实现职业目标打好坚实的基础。

（3）单证制作

单证制作是从事国际贸易必不可少的环节，单证在国际贸易中具有很重要的作用，如提单不仅是运输合同的证明，而且是货物所有权的凭证。单证不仅体现了当事人的权利和义务，而且一旦发生国际争端需要进行仲裁或诉讼时，单证又是不可或缺的证据。让学生亲自动手制作单证是此类课程重要的实践环节，有利于培养学生的商务技能。

（4）实践训练

商务英语类课程的教学目标之一就是培养学生应用商务知识的能力，学校进行人才培养时不应局限在课堂教学，而是要注重实践训练，在引导学生掌握商务英语的同时加强商务技能的培训。如学校可以和企业、海关、银行等建立合作关系，组织学生到这些单位参观、考察和实习，创新校企合作模式，引导学生去外贸企业中实习，使学生在真实的职场环境中了解商务英语在社会和实际工作中的应用，提高学生的应用能力；鼓励学生积极参加各类实践大赛和各类贸易洽谈会、展销会，直接与外商交流，在实践过程中，注重培养学生良好的品德和职业情操。

语言教学离不开教学理论的指导。教学实践证明，交际教学法将教学与实践紧密结合，营造了良好的语言学习环境，培养他们的学习兴趣，增进了师生交流，提高了商务英语的教学质量，发展学生的学习能力与实践能力。由此可见，交际教学法是目前指导商务英语教学的一种较为可行的语言教学理论。

三、情景教学法

商务英语专业是商务知识与英语语言紧密联系的专业性学科，较强的实用性是该专业的显著特征，因此，要求学生不仅具备扎实的商务知识、宽阔的国际视野，而且还要具备较强的跨文化交际能力和较高的职业修养。教学实践证明，模拟商务场景是提高课堂教学的效率，提高学生外语的实际应用能力和交际能力的有效手段。在商务英语教学中采用情景教学法，创设模拟真实商务环境，在培养学生综合能力中起到了非常重要的作用。

（一）情景教学法的内涵

情景教学法又被称为视听教学法，形成于20世纪50年代，指的是教师在教学活动中，根据学生的年龄特点和心理特征，按照教学大纲的要求，引入或创设生动具体的场景，以引起学生的兴趣，培养学生的综合素质，发展学生的学习能力与实践能力。

（二）情景教学法的原理

1. 情感和认知活动相互作用的原理

情绪心理学研究表明：个体的情感对认知活动有着以下三方面的功能，即动力、强化及调节。所谓动力功能指的是情感对认知活动的增力或减力的效能，即健康的情感对于认知活动有着积极的意义，可以促进认知活动的发展，不健康的情绪对认知活动起着负面的抑制作用。情景教学法就是要在教学过程中引起学生健康的情感体验，进而提高学生对学习的积极性。

脑科学研究表明：人的大脑分为左半球和右半球，大脑左、右半球存在各自的优势，其中大脑左半球的主要功能是逻辑分析、数字处理、记忆等，包括言语的活动；大脑右半球的主要功能为空间思维和形象思维，负责直觉、创造力和想象力，人类的情感活动属于右脑的范围。传统教学中以教师为中心，教师按照教学大纲讲授知识并要求学生背诵，所调动的主要是无情感的大脑左半球的活动。科学研究表明，右脑功能的开发与利用，对于整个大脑的协调、提高思维的广度和灵活性，具有积极的意义。而情景教学法则是要求教师先营造一个教学场景让学生去感受，之后再用语言表达。学生感受的过程刺激了掌管形象思维的大脑右半球；运用语言来表达感受时，刺激了掌管抽象思维的大脑左半球，这样大脑两个半球交替兴奋、抑制或同时兴奋，协同工作，大大挖掘了大脑的潜在能量。因此，情景教学可以获得比传统教学更加良好的教学效果。

2. 认识的直观原理

从方法论看，情景教学是利用反映论的原理，根据客观存在对人主观意识的作用进行的。在教师语言的支配下，使人置身于特定的情境中，不仅影响人的认知心理，而且促使人的情感活动参与学习，从而引起人本身的自我运动。

3. 思维科学的相似原理

相似原理反映了事物之间的同一性，是普遍性原理，也是情景教学的理论基础。情景教学法要在教学过程中创设许多生动的场景，也就为学生提供了更多的感知对象，使学生大脑中的相似块（知识单元）增加，有助于学生灵感的产生，也培养了学生相似性思维的能力。

4. 有意识心理活动与无意识心理活动相统一

心理学家经过多年的研究发现了这样一个事实：人的认知是有意识心理活动与无意识心理活动相统一的过程。所谓有意识心理活动指的是主体对客体所意识到的心理活动的总和，包括有意知觉、有意记忆、有意想象、有意体验等。自从心理学家弗洛伊德提出无意识的概念之后，众多的心理学家投入到对无意识心理现象的研究中，取得了丰硕的研究成果。心理学家认为，无意识是一个和有意识相对的心理术语，指的是人们所未意识到的心理活动的总和，是主体对客体的不自觉认识与内部体验的统一，包括无意感知、无意想象、非语言思维、无意体验等。情景教学的最终目的在于诱发和利用无意识心理提供的认识潜能，也就是强调在不知不觉中获得智力因素与非智力因素的统一。

5. 智力因素与非智力因素相统一

人的认知过程是智力因素与非智力因素统一的过程。教学作为一种认知过程，智力因素与非智力因素统一在其中。人们在劝说他人时经常会使用"晓之以理，动之以情"的方式，正体现了智力因素与非智力因素的统一。教学从本质上来说是一种特定情境中的人际交往，教师和学生是人际交往的主体，教师与学生之间构成了双边活动，教师与学生间存在着两条交织在一起的信息交流回路，即知识信息交流回路和情感信息交流回路。无论哪一条回路发生故障，都必然影响到教学活动的质量。只有当两条回路都畅通无阻时，教学才能取得理想的效果。

（三）情景教学法创设的原则

1. 意识与无意识统一原则和智力与非智力统一原则

这是实现情景教学的两个基本条件：无意识调节和补充有意识，情感因素调节和补充理智因素。人的这种认知规律要求在教学中既要考虑如何使学生集中思维，培养其刻苦和钻研精神，又要考虑如何调动其情感、兴趣、愿望、动机、无意识潜能等对智力活动的促进作用。如教师有时会鼓励某位学生要刻苦努力，但在该学生听来教师的话语似乎暗示了自己天赋不好，能力不够，只能努力，要不然就不会取得好成绩。这样在无形中就容易造成学生的自卑心理，增加了学生的畏难情绪。如果教师能够正确地理解认知规律，将学生视作理智与情感同时活动的个体，就会想方设法地去调动学生身心各方面的潜能。

2. 愉悦轻松体验性原则

该原则要求教师在轻松愉快的情境或气氛中产生各种问题意识。语言学习的根本目标是可以正确地运用语言进行交流。语言应用能力是一种高层次的能力，教师只能教给学生语言知识，却无法教会学生运用语言的能力。研究表明，构建轻松活泼的课堂氛围，让学生沉浸在情境中进行体验式教学有助于培养学生的创造能力，提高学生的语言应用能力。学生只有意识到思维的"过程"和"结果"同样重要，将学习看成一件快乐有意义的事，才能积极主动地参与课堂教学，取得相应的教学效果。

3. 师生互信互重下的自主性原则

该原则包含两方面的内容：一是师生间要具有良好的师生关系，二是学生在教育教学中占据主体地位。良好的师生关系是情景教学的基本保证。从本质上来说，教学就是一种特定情境中的人际交往，师生关系的好坏直接影响教学质量的优劣，情景教学法更是强调了和谐的师生关系的重要性。只有学生真正地尊重教师，信任教师，教师真正地理解学生，平等地对待每一位学生，师生间才能形成一种默契。学生在教学中的主体地位主要体现在培养学生的自主能力，要求教师在教学的过程中从学生的实际出发，要鼓励学生"独立思考"和"自我评价"，教师要用自己的人格魅力来感染学生，使学生在完成学业的同时实现人格的完善，这也意味着一切教学活动都必须建立在学生积极、主动的基础上。

（四）商务英语实施情景教学法的必要性

随着中国对外开放的进一步深入，我国中小企业的数量逐年增加，并且伴随着经济全球化的不断发展，中小企业也将目光瞄准海外市场，国际商贸活动如火如荼地开展起来，由此导致了对商务英语专业人才的需求的增加。面对社会对商贸英语专业人才的急切需求，很多高校开设了商务英语专业，以培养德、智、体、美、劳全面发展的商务英语专业人才。用人单位对于商务英语专业人才提出了如下要求：一是良好的人际沟通能力和团队合作能力；二是扎实的英语语言基础，较强的语言沟通能力；三是熟悉商务法律法规；四是掌握国际商务活动必备的基础理论和基本技能；五是适应各类经贸活动。而在教学实践中，高等院校的培养目标滞后于用人单位的实际需求，高等院校所讲授的技能不能完全满足于用人单位实际工作所需。那么如何才能使高等院校的培养方案能与用人单位的标准相契合成为社会各界关注的热点问题。要想解决这个问题，除了宏观上的高等院校加强对企业的合作，深入调研市场，强化校企合作之外，在微观方面，作为教师也应积极探索新的教学方法，在课堂上创设类似的工作场景，让学生提前体验工作氛围，训练学生的职业技能和素养。因此情景教学法是行之有效和必要的。

（五）情景教学法在商务英语口语教学中的应用

人们学习一门语言的目的是为了应用这门语言和他人进行沟通交流，因此口语教学在语言学习中有着重要地位。对于商务英语来说，口语交流更是商务沟通中的关键环节。商务英语口语课程的教学目标之一就是培养学生国际商务交际能力，也就是说商务英语专业的学生除了掌握普通大学英语中所要求学习者掌握的语音、语调及表达之外，还需要恰当地完成一系列商务任务，如学生在接待客户、商务谈判、业务陈述时能够流利地运用英语表达自己的观点和看法，以便对方理解，因此，商务英语口语课程对学生的综合素质要求较高。

然而现实是我国高等院校商务英语专业学生的商务口语水平普遍不高，口语基础相对薄弱，商务专业知识掌握得不够扎实，而且高等院校商务英语专业对于商务领域内的知识大多以理论知识讲授为主，较少涉及实际操作，导致学生出现实操经验不足的问题。如何提高课堂教学效果，锻炼学生的实践能力，成为商务英语口语课程教师不断探索的课题。

1. 情景教学法在商务英语口语教学中的实施方法

高等院校承载着为社会输送高技能人才的重任，对于高等院校商务英语专业的学生来说，他们毕业后将直接从事商务方面的工作，为了能更好地适应社会的需要，学生就需要具有扎实的商务英语方面的知识。实践证明，在平时教学中创设真实、有效的职场情景有助于提高学生的商务英语口语水平，有助于提升商务英语口语教学质量。具体应用主要有以下两种方式：

（1）学生角色扮演融入情景

角色扮演的英文表述为 role playing，是指教师在教学活动中创设工作场景，学生在模拟的工作环境下扮演一定的角色，通过演练学习来提高自己的实际交往能力。角色扮演是情景教学中经常使用的一种教学方法，通过扮演情景中的角色，不仅可以锻炼学生的胆量，而且使他们在轻松愉快的环境下展示其对商务英语的理解，对于之前已经掌握的商务英语有更加深刻的认识和领悟。如教师在给学生上第一节商务英语口语课时可以给学生布置一个任务：让学生自由组合成一个个小组，每个小组以五六名学生为宜，每个小组就是一家公司，小组内的成员担任不同的工作岗位，工作岗位实行轮换制，每位成员都有担任其他工作岗位的机会。如在讲授"接待客户"的内容时，教师可设置相应的场景，由学生根据自己在公司的职责，与另一小组内的成员进行情景模拟。通过这种方式，使学生积极主动地参与学习中，对于培养学生的想象力和创造力也有积极意义。另外，通过模拟工作环境，教师可以适当地介绍商务礼仪知识，以便使学生毕业后更能适应实际的工作环境。

（2）多媒体教学创设直观情景

多媒体教学是指充分利用多媒体技术的优势，将视频、音频、图像等资料应用到教学过程中，丰富课堂的表现形式，使课程做到视听结合、情景交融。有关研究表明，多媒体教学有助于学生更好地理解相关内容，直观生动的图像激发了学生的想象力，从而调动了学生的学习积极性。随着全球化进程的不断加快，我国的改革开放进一步深化，国家间的联系越发紧密，国际商务活动日益频繁，同时也面临着更多挑战。通过多媒体手段，教师可以更加全面地了解国际商贸的动向，收集国际商务活动的新鲜案例，并呈现给学生，以开阔学生视野。如在讲授"商务交流""商务谈判"等内容时，教师可以向学生展示有关商务活动的图片、视频，要求学生在观看视频的过程中，记录商务谈判的流程，分析导致这场商务谈判成功或失败的因素有哪些，组织课堂讨论，让学生就商务谈判的语言技巧畅所欲言，从而取得较好的教学效果。

情景教学法在商务英语口语教学中是一种比较实用且有效的教学方法。需要注意的是，教师在运用情景教学法时要结合实际的教学需求和教学经验，以学生的认知能力为出发点，以提高学生交际能力和自主学习能力为落脚点，不断提高自身能力，借鉴新的教学策略，开展灵活多样的课堂活动，将学生的注意力和兴趣都引导到学习对象上，激发学生探究和学习新知识的欲望，使学生轻松、愉快地学习。

2. 情景教学法在商务英语口语教学应用中的注意事项

情景教学法要求教师从学生的实际水平出发来创设恰当的情景，所创设的情景要具有真实性和实用性，以促使学生全面发展，同时还应注意以下三点：

（1）创设情景由易及难，帮助学生建立学习口语的信心

目前大部分高等院校中的学生普遍存在着英语口语不自信的问题，主要表现在学生认为自己基础差，课堂上不敢主动发言，即使教师点名让他们回答某个问题时，学生也总是用"Sorry, I don't know."来回答。英语是一门应用性很强的学科，需要大量的实际语言练习，而这些学生由于缺乏自信心，不能很好地把握实际的口语操练机会。商务英语课程要求学生必须具备一定的商务英语知识，因此教师在创设相关主题情景时，要考虑到学生的实际口语水平，最开始时可选择简单且与日常生活联系紧密的商务英语主题，如可从"商务会面""商务介绍"开始，等到学生逐步掌握商务英语知识后，再逐步提升难度，同时教师要鼓励学生在课堂上多发言，帮助学生建立自信心，从而使其能积极主动地去学习。

（2）创设情景与教学目标紧密结合，教师应及时做出有效评价

商务英语口语教学与普通口语教学相比，有其"商务性"特点，情景的创设

应根据教学目标，选取真实的商务情景，切忌为了迎合学生的实际水平而使所设情景过于"生活化"以致没有任何商务主题。同时，对学生在情景表演里的表现，教师应从商务英语语言积累、商务技巧及商务礼仪等方面及时对学生进行指导、评价，以使学生真正在情景教学中学有所得。

（3）商务英语口语教师应不断提高自身商务实践能力

商务英语口语课程不仅要求口语教师具有较强的口语表达能力，而且要具有丰富的专业知识，特别是那些口语表达能力强，且有实际的相关企业工作经验的复合型人才尤其受高校的青睐。因此，教师应不断更新观念，持续学习，不断增强自身的素质，加强对商贸活动的实际情景的准确把握，从而创设真实的语言情景，提高学生的商务口语交际能力，锻炼学生的实际技能。

第六章 商务英语人才培养

本章主要介绍商务英语人才培养,主要从三个方面进行阐述,分别是我国商务英语人才培养现状、商务英语人才培养模方案、商务英语人才培养模式实现途径及创新。

第一节 我国商务英语人才培养现状

一、我国商务英语人才培养需求

当今世界正处于科学技术不断更迭、进步的时代,随之而来的是社会对人才需求的变化,这就要求人才培养目标和培养方式能够着眼于当前社会经济发展和市场需求情况。商务英语专业在人才培养方面还存在着传统人才培养方式遗留的缺点,比如,过分注重语言技巧的训练、轻视综合素质的培养、割裂英语语言与商务技能、欠缺实践能力培养等。因此,我们需要对本专业人才的社会需求状况以及该专业人才的就业状况进行较全面的了解,以便为商务英语专业制定相应的人才培养战略。目前,我国商务英语人才需求呈现出以下背景与特征:

(一)对外商务活动发展壮大

改革开放以来,中国经济迅猛发展,对外贸易逐年持续增长。经济全球化意味着生产的全球化、贸易的全球化和金融的全球化。在经济全球化的进程中,我国坚持对外开放基本国策,在更大范围、更广领域、更高层次上参与国际经济技术合作和竞争。我国的国际商务事业全面实现了跨越式发展,而且这一趋势仍将继续。在不断扩大外贸数量的同时，国际商务从业者要把更多的精力转移到外贸发展的质量和效益上，这是因为国际上的产业技术水平不断升级，消费者对产品更加挑剔，国际竞争更加激烈。

首先，为了维护本国的国内的市场，很多进口国特别是发达国家选择用严格的要求来限制他国产品特别是发展中国家生产的产品进入本国的经济市场，这些技术指标涵盖的内容非常广泛，不仅包括食品卫生、农药残留、包装等方面的标准，而且涵盖能耗、环保等方面的指标。有些技术指标的要求是非常高的，即使是进口国本国企业也仅有少量的大型企业能够达到这些标准。面对复杂多变的经营环境，持续不断的提高学习能力，较好的沟通能力，及时发现问题以及灵活解决问题的能力已经成为外贸从业人员不可或缺的基本能力。

其次，竞争格局的变化对外贸经营管理人才提出了新的要求。一方面，传统的国内外贸企业通常依靠信息优势、资源优势甚至政策优势来进行经营管理活动，从而不断扩大市场份额。随着全球化进程的不断加快，网络通信技术的持续发展，信息和资源在全球范围内得以迅速流转，国内外贸企业的优势不断弱化，如果外贸企业要想继续健康持续地发展，就需要调整发展战略，发掘企业的人才和资本优势，依靠知识产权获得垄断优势。另一方面，国际采购商大量进入中国，凭借其雄厚的资金实力和先进的管理方式，与中国本土内的外贸企业展开直接竞争，大力压缩着中国国内外贸企业的生存空间。根据有关资料统计，中国自从加入世界贸易组织后，有外资背景的外贸企业在进出口总额中的份额迅速提高，目前已经达到70%，国企和本土民营经济的份额不足1/3。

（二）社会对商务英语人才的需求标准日益提高

对外贸易以及各种国际商务活动的发展现状对国际商务从业人员更加具有挑战性。涉外企业和机构最需要的是商务语言应用能力强、熟悉对外经贸和商务岗位知识及技能，具有动手与动口能力和较强就业竞争力的商务英语人才。根据对外经济贸易大学2016年8月的调查，对商务英语专业人才的技能要求排在前7位的是：较好的英语口语交际能力、扎实的专业知识水平、较强的文字处理能力、良好的团队合作与沟通能力、推广开拓能力、熟练的计算机运用能力和较高的人文素养。

1. 较好的英语口语交际能力

较好的英语口语交际能力是从事国际商务工作的前提。大多数企业要求国际商务从业人员能独立承担中小型涉外活动的现场翻译工作，还能够独立进行对外商务谈判工作。在调查过程中，一位毕业于普通院校商务英语专业的外贸从业人员略带骄傲地讲述了她的经历。虽然毕业之初，她因为学历的原因只应聘上了某企业的秘书职位，但是由于其具有较强的英语口语能力，随着公司对外合作的增多，她渐渐有了更多机会展现自己的能力，现在，老板和国外企业进行商务谈判时都会带上她，她也由秘书升职为总经理助理。在交流中她多次谈到，如果要和别人比学历，普通院校的毕业生没有任何优势，可是实实在在的商务英语口语技能是企业最为看重的能力。不仅如此，企业还要求从业人员具有较强的商务交际能力。商务活动是一个动态的过程，它要求从业人员能在不同的商务情景中灵活应变。可以说，国际商务从业人员运用口语的过程实际上就是分析商务问题、解决商务问题的过程，商务知识和外语口语能力的简单叠加已经不能满足企业对商务英语人才的需要，企业需要的是能够通过自己的主观能动性把知识学以致用的人才。

2. 扎实的专业知识水平

涉外企业对人才的专业知识非常重视，要求从业人员不仅熟练掌握本专业的理论知识（以国际贸易知识为主），还要扩充知识面，了解相关专业知识，如相关商品知识、财务知识、企业生产、企业管理和跨文化知识等。

3. 较强的文字处理能力

扎实的英文功底、较高的专业外语文献资料阅读和翻译水平、熟练的翻译技巧和专业的商务写作能力都是涉外企业对商务英语人才在文字处理能力方面的要求。商务英语自身具有的文体特征，是现代英语的一种功能变体，是国际商务工作者之间长期交际的结果。商务英语属于实用文体，针对的就是商务领域的从业人员，无论是经济合同、商务文书的草拟，商业单证的填制，产品说明书的翻译，还是经济案例的申诉、仲裁与判决，都离不开商务英语的文字处理和应用。商务英语文字处理能力在未来的商务活动中将越来越重要。

4. 良好的团队合作与沟通能力

企业团队精神是指企业员工的思想意识、工作态度、工作动机和行为方面的良好表现。团结奋斗是企业团队精神的核心，团队精神有利于企业发展方向和目标的实现。员工会在团队精神的指引下，统一思想认识，自觉地将企业发展目标作为自己行为的定位仪，形成一种凝聚力量，这是企业完成各项工作任务的必要条件。团队精神的加强会使员工自觉地要求进步，力争与团队中最优秀的员工看齐，这种自觉性的竞争激励员工不断进步，并且使其相互感染、相互熏陶、自我激励、严格自律，从而使团队的整体合力不断增强。

国际商务从业人员还需要良好的沟通能力。沟通就是了解、协商、交流及通气。良好的沟通能够促进团队精神的培养，顺利完成企业制定的目标。从业人员不仅要重视本企业内部员工之间和部门之间的沟通，还要重视与合作伙伴即国际商务活动中的合作对象的沟通。涉外经济活动的对象来自世界上不同的国家，而来自不同国家和民族的商务人员具有不同的文化价值观、行为准则、思维方式、态度和信仰等，这些差异很可能导致行为上的文化冲突，甚至导致生意上的失败。这也意味着国际商务活动的跨文化交际本质。跨文化商务沟通能力可以帮助人们解决国际商务活动中文化差异所导致的沟通与管理方面的问题。

5. 推广开拓能力

调查中发现，不少外贸企业比较重视国际商务从业人员的市场开拓能力。这种能力是国际贸易业务人员所具备的较高层次的能力，尤其在国际竞争日益剧烈的今天，拥有市场开拓能力的国际贸易业务人员是外贸企业最为欣赏和欢迎的人才。企业间的竞争归根究底是人才的竞争，具有开拓能力的优秀人才是企业获得持续健康发展的必要条件。

开拓离不开创新，创新是一个组织为求生存及发展的活动总称，开拓可以使公司创造新价值。创新行为的涵盖面是非常广泛的，涉及新思想、新发明的产生、新产品的设计、新的生产制程、新的营销策略和开发新市场等各种活动。

技术创新可以提高生产效率、降低生产成本。体制创新可以使企业的日常运作更有秩序、便于管理，同时也可以摆脱一些旧体制的弊端，如美国通用电气公司通过减少企业管理层次的设置，避免了科层制带来的信息传递不畅通。思想创新对于企业的发展来说是非常重要的一个因素,领导者思想创新能够保证企业沿着正确的方向发展,员工思想创新可以增强企业的凝聚力,为企业带来更大的效益。因此,企业对从业人员的创新意识也有着强烈的要求。企业员工创新能力来自较强的自主能力与学习能力,员工的自主能力与学习能力能为企业赋予更强的开拓精神,在复杂多变的经济环境中有效地开展经营活动,进行生产和服务创新。

6. 熟练的计算机运用能力

信息化和网络化极大地改变了国际贸易管理的方式。计算机技术普及之前,不同国家开展国际贸易时通常通过电话、传真、邮政通信等方式进行沟通交流,具有时效性差的弊端,现在随着计算机技术和网络通信技术的日渐成熟,可通过网络视频会议系统直接在互联网上进行谈判、促销等活动,不同国家间如果确定合作关系只需要通过网络向对方传送国际标准化的文件即可。外贸企业过去要开展进出口业务需要向海关递交大量的海关申报单,等到海关批准后才可以开展业务,现在,政府推广无纸化办公,外贸企业只需要在网上提交海关申报单、提货单就可以在短时间内得到海关部门的批复,完成日常往来的经济信息。互联网对于企业的宣传工作也有着巨大的优势,之前外贸企业为了宣传企业形象,经常会使用电视、杂志、报纸等日常新闻媒介,现在互联网则取代了这些新闻媒介。一些电子商务网上银行系统在网络上实现了电子支付,与传统付款方式相比,电子支付具有快捷、方便、高效的优势。计算机和互联网所引发的国际贸易方式的变革是不可阻挡的发展趋势,熟练地应用计算机成为国际商务从业人员必不可少的技能之一。

7. 较高的人文素养

简要地说,人文素养指的是就业者具有文学、历史及哲学三大领域的知识。国际商务从业人员要在国际环境中成功地使用英语从事各种商务活动离不开人文素养和文化意识的培养。国际商务活动的顺利开展不仅需要商务从业人员具有熟练的英语语言技能和丰富的国际贸易知识,而且还需要他们具有财务、法律等人文性较强的学科领域的知识。用人单位希望的是能够根据商务活动需求灵活运用这些知识的人才,而不是只会背诵知识的"书呆子"。这就要求学校在开展人文教育时不仅要传授文史哲知识和其他国家的文化习俗,还要注重培养学生发现问题和独立解决问题的能力。

人文素养有着丰富的内涵,如健全的人格、自由的精神和社会责任感等,都可以归纳人文素养的内涵中。这些内涵在短期内无法促进企业的发展,无法为企业带来直接的经济效益,看起来是毫无用处的。但从长远来看,学习者未来的发展会更有潜力,许多学校已经意识到人文素养对于学生全面发展的重要意义,根据自身办学的定位,重点开设人文社科的通识课程,不断完善教材体系,从而培养跨学科和跨文化的能力。

(三)学生自身对教育的需求标准提高

调查结果显示,学生之所以选择商务英语作为自己的专业,是因为他们认为该专业有着广阔的发展前景,他们期待通过学习商务英语语言知识和沟通技巧,能够在不同的商务活动中发挥他们的作用。他们对该专业的需求体现了教育服务这个产品的购买者对英语类专业教育的更高期待。

1. 看重专业的核心竞争力

随着中国经济快速发展,特别是中国加入世界贸易组织后,商务活动、人员交流在全球范围内不断增多,各行各业的开放使得商务英语人才需求不断扩大。根据有关调查报告显示,在英语类学生中,商务英语专业的招生人数远远多于传统的英语语言文学专业的招生人数。学生希望从商务英语专业的学习中获得复合的知识和技能结构,希望通过商务英语专业的学习获得自身在未来就业市场中比英语语言文学专业毕业生更强的竞争力。

2. 期待较高的教师素质

商务英语的发展在我国已有百年的历史,最早可追溯到晚清的洋务运动。新中国成立后,商务英语迎来了新的发展机遇,特别是伴随着改革开放的不断深化,我国的高等外语教育取得了令人瞩目的成就。社会对于商务英语专业学生的要求也在不断变化,如改革开放初期,我国的外贸企业的主要发展方向是向发达国家出口农产品及技术含量较低的初阶工业制品,对于商务英语专业毕业生的要求就是能够使用通用英语与简单的商务知识,随着对外商务活动范围的不断扩展,社会对于商务英语专业学生提出了新的要求,即学生不仅要熟练掌握通用英语,还要具有扎实的商务英语与商务专业知识基础,现在为了培养出社会需要的复合型商务英语专业人才,一些学校进一步调整和优化专业结构,开启了四年一贯的商务英语教学+全英文授课的商务专业知识的人才培养模式。

学生对自己的要求不再仅仅是英语能力和商务知识的简单叠加,而是希望具有较高的综合素质,能够将学到的商务英语知识灵活地运用到实际的商务活动中,并能够应对商务活动中出现的各种问题。教师的榜样作用非常重要,学校期望的是双师型商务英语教育工作者。

二、我国商务英语人才培养困境

当前,我国的商务英语教学已经形成了相当大的规模,受各种现实条件的限制,虽然每年有众多的商务英语专业的学生进入就业市场,但是用人单位对于商务英语专业毕业生的评价并不高,除了少数具备较高专业素质和综合素质的毕业生得到用人单位的认可外,大多数毕业生存在着能力不足的问题。

(一)企业评价普遍不高

1. 口语表达能力和沟通能力不理想

国家间的交流日益频繁,对商务专业的学生的英语水平提出了更高的要求,但是当前在商务专业学生中存在着英语应试能力很强,但是口语和口头表达能力很弱,不敢用英语和别人交流的问题。很多用人单位表示部分毕业生不能用英语流利地接听电话,进行商务洽谈,甚至在国际会展活动中也有部分毕业生不敢面对面地同外国人交谈,面对外国人对于商品的询问,不能有效地进行产品推广,从而无法发挥宣传企业产品和良好形象的作用。比如,在产品展示技能方面,许多应聘学生不能正确地使用专业英语来介绍产品,面对客户的提问,不能恰当回答。当客户提出质疑时,不能采取适当的语言策略来表达自己的观点,打消客户的疑问。企业除了希望毕业生具有良好的英语口语表达能力之外,还希望他们具有较强的沟通能力,了解外国风俗和文化,能够运用身体语言这种非言语交流形式来辅助自己与外商进行沟通。同时,企业还希望毕业生具有较高的文化素养和团队合作能力,在参与国际性会议时,能够运用英语得体地表达自己的观点,会议中能够与他人进行讨论与交流。企业在对外合作时经常会发生商务谈判，企业希望毕业生能够具有独立思考的能力，用英语与对方进行谈判，当自己观点与对方发生分歧时，能够理智地决定是坚持自己的观点还是适当地做出妥协，这些都是涉外企业所看重的能力。但是令人遗憾的是，我们在对一些涉外企业进行调查时发现，企业对于商务英语毕业生的语言表达能力和商务沟通能力并不满意，在满分百分制的调查试卷中，该项的平均得分只有 60 分。

2. 缺乏实践经验

调查中发现，接受调查的外贸从业人员大多数毕业于外语专业或者外贸相关专业，大多数都具备了从事商务外贸活动的基本素质，他们的专业知识比较扎实，但是在实际业务谈判中存在着无法灵活应用知识的问题。以青岛市某进出口公司某化工原料的出口业务洽谈为例，该公司产品的原料质量较好，买方公司很满意，但是因为买方公司需要进口的总量较大，所以他们想压低价格，想通过拖延合同签订的措施来迫使出口公司降低价格。中方公司的业务人员比较年轻，经验不足，迫切地想达成交易，这就导致他既没有调查国际市场中该原料的价格也没有向同行业的公司进行咨询就武断地降低价格，完成了交易。之后买方公司为了赚取更多利润又在支付条款上提出了苛刻的条件。为了顺利地完成交易，该业务员也同意了对方的要求。业务员以为自己推销出去了原料是件令人庆贺的事，结果事后在和同行业内人员交流才知道，自己公司的原料质量上乘，价格上却比同行业还低 1%，公司在这一笔业务上损失了 50 万元。商务谈判是一件复杂的事情，业务人员面临的问题也是各不相同的，如何选择适当的方案解决具体问题，往往成为决定交易是否成功，是否能为企业带来利益的关键，只有商务英语人才具备丰富的实践经验，才能顺利地解决各种问题。

3. 缺乏大局观念

调查中发现，很多外贸从业人员对于外贸行业的发展趋势都有着自己独到的见解，但是他们并不能将这种理念应用到商务谈判中，对于他们而言，完成某项具体的业务更为重要，这就导致在商务活动中普遍存在着就业务谈业务的现象。如在探讨国外的技术贸易壁垒以及贸易救济案件时，外贸人员中存在着两种极端的倾向：一部分外贸人员认为这是国外打压中国出口的手段，而另一部分外贸人员则对这些现象不以为然,认为这没什么大不了,不用过多在意,只需要做好自己的业务就够了。调查中还发现大部分外贸从业人员都不熟悉世贸组织规则,对于贸易救济案件无法进行清晰的阐述说明,更不用说从政治经济大环境、法律和技术层面探究相关外贸企业的未来发展趋势。外贸企业经营环境和国内政治经济形势变化是密不可分的。在技术性贸易壁垒方面,虽然国际规则中的某些条款看上去对发展中国家有负面影响,但大多数技术贸易壁垒是基于保护全球范围内的环境、健康安全,而大多数发展中国家由于过度追求经济,确实存在着一些出口产品不符合进口国环保标准和健康卫生标准的现象。面对日益激烈的国际竞争,外贸企业要想在国际竞争中占有一席之地就需要重视大局,密切关注国内外的政治经济政策,并根据政治经济形势的变化及时调整企业发展方向,只有这样,才能更好地适应市场。

4. 缺乏市场开拓能力

接受调查的企业普遍反映,外贸从业人员开拓能力的缺乏已然成为制约外贸企业业务发展的重要因素。就出口业务而言,出口企业对从业人员的市场开拓能力抱有很大的期待,但是受传统的内外贸分离体制的影响,大部分外贸企业中普遍存在着不重视内销渠道建设及对供应商的管理技能比较缺乏的问题,这就导致企业出口的产品经常会因质量问题而丧失和外商的合作机会,同时面对着激烈的国际竞争,外贸企业对国外市场缺乏有效的进入方式,导致出口企业在竞争中处于不利地位。就进口业务而言,大部分从业人员缺乏对国内下游产品市场的开拓能力,甚至大多数外贸企业根本不具备在国内分销产品的稳定渠道。伴随着中国进口潜力的逐渐释放,外贸企业的业务由出口业务向进口业务转移,企业要想培植出新的业务增长点就需要不断挖掘善于开拓国内市场的外贸人才,同时加强供应链的管理,唯有如此,企业才能取得竞争优势。

5. 缺少文化视野

掌握流利的语言技能是外贸从业人员的基本要求,现阶段几乎所有的外贸从业人员都能运用英语流畅地和外商交流,对于外国文化也有着一定程度的了解,但是,在实际的业务操作中,经常会出现因为缺乏文化视野而错失与外商合作的机会。造成这种现象的原因是多样的,不仅是中外文化差异,而且不同国家在机构设置、政策法规等方面也有着不小的差异。

如我国法律规定在进口他国产品时，出口国企业提供的所有文件都要经过公证，因此，我国企业在和美国企业合作，需要进口美国产品时就会要求美国出口企业提供具有法律效应的文件，这个在中国企业看来合法的要求却令美国企业困惑不已，因为美国法律并没有这方面的规定，企业的公信力也不需要经过公证机关的证明。对于美国企业来说，律师函就是其公信力的最好证明。因此如果企业在进口美国产品的过程中要求对方提供公证文件，那最后双方的合作就会出现以下两种结局：要么是旷日持久的谈判，要么是终止合作。这是因为对于中国企业来说，出具营业执照、企业公章以及政府的证明文件是一件轻而易举的事，但是对于美国企业来说，即使花费大量的时间和精力也不一定都能准备好所有的文件。

当前，尽管各高校都在商务英语专业中开设了介绍西方文化的相关课程，以开阔学生的视野，培养他们跨文化交际的意识。从事外贸业务的人员如果想顺利地开展对外交流，就必须熟悉文化现象背后的规则。业务人员在处理商贸业务时要认真分别哪些是国际通用惯例，哪些又是本国所独有的规定，在互相理解的基础上开展合作，而不能用想当然的态度处理业务，强求对方遵循自己的习惯做法很可能造成合作困难，甚至导致项目失败。

（二）毕业生对工作经历评价不高

在市场经济条件下，基于高等教育服务理念，高等教育界普遍把学生看作高等教育服务市场的需求主体。也就是说，学生是我们高等教育这个产品的需求者，需求者的需求情况会对某个学科和专业的未来发展产生巨大影响。在对现有商务英语专业毕业生的调研中，我们发现，他们在目前就业市场中的就业状况并不是非常理想，主要表现在以下三个方面：

1. 现实与期望差距较大

调查发现，多数商务英语专业毕业生对自身的就业状况并不满意，造成这种现象的原因是多种多样的。首先是性别造成的就业障碍。目前商务英语专业在校生男女比例悬殊，在校女生的人数占到学生总人数的80%以上，在校男生的人数不足学生总人数的20%；从专业成绩上来看，大部分女生的专业成绩要优于男生。但是，外贸企业更愿意招聘男生，特别是品学兼优的男生普遍受到用人单位的青睐，即使男生和女生的成绩相当，用人单位也更倾向于选择男生，这就出现了企业需求与商务英语人才生源不匹配的问题，最终影响了商务英语专业毕业生的就业率。其次是过高的期望与现实需求的差异。调查中发现，大部分毕业生期望毕业后选择在大城市工作，最受商务英语专业毕业生青睐的用人单位分别为涉外企业、国家企事业单位以及知名民企，而能够进入理想涉外企业的毕业生只占到20%左右。在中小城市、西部地区、乡镇企业以及大量的小微企业同样需要商务英语人才，而且中小城市的招聘单位在待遇、发展空间等方面也给毕业生以较大的优待，但这些单位中能够招到满意的商务英语人才的却不到30%。

2. 能力与现实需求差距较大

高校设置商务英语专业的历史渊源决定了该专业与生俱来的不足。设置商务英语专业的绝大多数都是各高等院校的外国语学院，归属英语语言文学学科。商务英语教学中普遍存在着重语言、轻商务，重理论、轻实践的现象，致使商务英语专业毕业生能力与企业需求出现较大的差距。毕业生所学英语语言不能与商务知识有机结合，致使语言优势无法发挥，甚至完全丧失。而实践教学的缺乏使毕业生不能快速适应商务工作，顺利完成商务实战任务。一部分毕业生表示自己在商务环境中的英语语言能力达不到企业的要求，另一部分毕业生认为自己不能够灵活处理在职场上遇到的突发问题。

3. 人才培养同质化与企业需求多样化产生矛盾

许多接受问卷调查的学生表示，在就业过程中发现不同高校培养出的商务英语人才规格大同小异，大致都是英语能力+国际贸易相关知识的人才，自己在人才竞争中缺乏与众不同的优势。这种现象是目前高校人才培养同质化倾向造成的。高校人才培养规格的基本特征倾向于理论型、研究型，致使学生只注重基础理论学习，忽视实践能力的训练。而且专业素质区分度不高，缺乏特色，在现实社会中，企业的形态与经营范围是多元的，每个地方的企业都有自己的特色，比如，苏州、无锡和常州以传统的制造业著名，如钢铁、石化、重工、汽车、造船等，而河北省承德地区的干果产品以及经济作物出口就是该地区的特色。人才缺乏区分度，使毕业生进入职场并适应职场的过程被延长。一部分毕业生发现，如果大学教育过程中考虑了地方经济特色，能够把商务英语知识的学习、能力训练与本地区经济联系起来，毕业生在求职以及工作中就会更加得心应手，充满信心。

第二节　商务英语人才培养模式

在21世纪的国际化经济时代潮流下，经济市场不再需要以往单一的外语专业、基础技能型人才，对单纯外语语言文学专业的毕业生需求也逐渐减少，对于从事外国文学、语言学的教学和研究工作中的外语与文学、外语与语言学结合的人才需求量也较少，但我国对外语与外交、经贸、法律、新闻等相结合的复合型人才的需求却在逐年增加。在新的时代需求下，社会主义市场经济提出培养复合型外语专业人才的要求。外语专业的宽口径、应用型、复合型人才的培养远超出单科"经院式"的培养模式，所以外语专业的培养应向其模式转变。商务英语专业是培养外语与国际商务知识相结合人才的一种适合社会对涉及国内外商务人才需求的外语教学改革模式，主要培养的是具有扎实的英语语言基础、深厚的人文素养、系统的国际商务知识、较强的跨文化交际能力的应用型、复合型商务英语人才。此专业的学生在商务专业知识方面与其他英语专业的学生处于同等阶层，但与经济、管理类学生相比，其英语语言能力明显居于上层，商务英语专业学生毕业后的就业取向大部分是公司和外企，与其他专业相比，商务英语专业学生的就业有着比较明显的竞争优势。

一、四位一体商务英语人才培养模式

用国际化语言传播中国声音、掌握国际话语权的国际商务人才的培养是我国21世纪国际经济格局下高校迫切需要解决的问题。当前众多企业对商务人才的实践技能提出更高的、更明确的要求，这些取决于国际商务英语专业的实践性和特殊性，这也使英语专业背景下的国际商务复合型人才受到了大众的喜爱和重视，很多用人单位希望学生"拿来就用"，实现"零培训就业"的行为无疑是对高校

商务人才的培养尤其是国际商务人才的培养带来了巨大的挑战。《国家中长期教育改革和发展规划纲要（2010—2012年）》中提出人才培养的体制改革，适应经济社会发展、科技进步的要求。注重学思结合、知行统一、因材施教，遵循教育规律和人才成长的自然规律的培养理念与模式，帮助更多学生学会学习，并扩大应用型、复合型和技能型人才的培养模式。外语教育的科学规划对培养拥有创新能力的外语人才、促进国际交流和合作有着很大的帮助，是国民教育体系中的重要构成部分和跨文化交流的主要媒介。

以综合应用为导向、知识技能为根基、自主学习为目标构建课程体系来学习大学商务英语，大学商务英语教师应在教学活动中不断地去创新教学模式和思路，主动去适应大学商务英语教学改革的新形势，自觉成为学习型教师、复合型教师、合作型教师、教学研究型教师。运用"四位一体"教学法开展大学商务英语教学，教学目标定位准确合理，达到预期的成果，以此来解决我国大学外语教育存在整体规划缺失、学生听说能力薄弱、自主学习能力差等直接影响外语人才培养目标实现的问题。

我国高等教育在观念上固守的学科本位的传统理念，已经无法满足人才培养的需求和外语人才的需求量，也无法顺应世界经济一体化的发展。本节主要针对商务英语的学生，解决人才培养和就业之间的矛盾关系问题，以提升"毕业实际操作能力和岗位群适应能力"为目标，提出"四位一体"的培养模式，探索商务英语专业及教学的改革方案。

（一）"厚"英语基础

1. "厚"英语基础的目标界定

"厚"英语基础坚持以英语为主体的原则，要求学生拥"厚"坚持以英语为主体的原则，是英语的基础，要求学生拥有较扎实的英语语言基础以及较强的英语交际能力。为适应终身教育与学习化社会发展的要求，在重视学生语言基础知识和基本技能训练的同时，要重点培养学生的英语实用能力。对于英语语言基础能力不能降低要求，英语语言技能方面的听、说、读、写、译必须牢固。

2."厚"英语基础的教学实施

（1）合理设置英语基础课程

坚持具有针对性、实用性的课程设置原则。在基础的课程设计中，开设英语精读、阅读、语言等课程，在"必需"和"够用"的前提下，重点培养学生的综合能力、发展学生的英语能力、注重英语基本知识技能和学生的语言交际能力的培养。在高年级英语课程设置中一定要强化听、说和写作能力，开设占50%以上课时数的视听说、商务谈判、商务口语等课程。

（2）采取分层次教学方式

为了帮助学生打好稳定的、有秩序的语言基础，让不同层次的学生得到更好的教育和学习，激发学生学习英语的积极性，最终达到教学目的，就需要针对不同类型和基础的学生制定相应的、阶段性的目标。面对基础较差的学生应加强基础知识上的教学，对于基础水平较高的学生要重点培养英语综合能力，这就需要教师选择最科学有效的教学方法以及教学内容的组织形式体现出每门课程自身的针对性以此达到最佳教学效果。

（3）采用阶段测试评比机制

基础阶段，对处于初级英语水平的学生进行系统有效的训练，提高学生对学习英语的兴趣和自信心，主要以全国性的英语等级考试为学习、训练的目标。高年级阶段，提高英语口语交际能力，并鼓励学生参加剑桥商务英语、口译等考试。在教学的同时将竞赛机制纳入课程体系，将听、说、读、写、译各类竞赛贯穿在教学过程中，加强和巩固学生在此方面的技能，为学生以后进入职场打下牢固的基础。

（二）"通"商贸理论

1."通"商贸理论的目标界定

着重系统传授商务知识，使学生在国际经济贸易领域的基本知识和理论可以熟识并掌握，使其具有宽泛的商贸知识和一定的商务操作能力，这就是"通"商贸理论。宽泛的商贸知识指的是了解国际贸易、国际金融、电子商务、市场营销、国际商法等方面的一般理论知识和常规法律常识；一定的商务操作能力指的是掌握国际商务活动中比较常用的实务操作能力,例如,进出口业务单证的制作、产品的推销、商务公关和谈判以及商务文函的处理等;理论知识主要以够用为原则、宽泛为目标,而操作能力则是着眼于商务务实,以学生的动手、实践能力为主。

2."通"商贸理论的教学实施

在专业课程体系中构建"通"商贸理论。为了拓宽专业视野,使学生在未来工作岗位中得到更好地适应,这就要求学生在学习英语课程的同时必须学习商贸理论课程。涉及商贸活动的课程,可以开阔学生的专业视野并扩展其专业知识面,为学生以后在商贸领域的进一步发展打下坚实的基础。如商务谈判、市场营销、涉外旅游、国际商法、人力资源开发与管理、酒店管理、电子商务、商务礼仪等课程。课程分为必修课、专业选修课以及公共选修课三个模块课程,学生可以根据自己的喜好任意选择模块课程提升个人兴趣以及专业水平。整个课程体系不仅可以使学生"通"商务理论知识,而且可以使学生掌握务实的操作能力并提高学生的动手能力和实践能力。

建设"双师型"教师队伍,主要培养学生的动手实践能力。招聘社会水平较高的商务从业人员走上教学讲台;对教师进行集中培训,提高并掌握教师的商务基础和技能;鼓励商务英语专业的教师通过自学、进修以及培训的方式参加职业技能考试,考取相关职业证书;安排商务英语专业的教师定期在进出口贸易公司、外资企业和海关等单位进行有计划的定岗训练,这些都是"双师型"教师队伍建设所采取的措施。

(三)"重"实践操作

1."重"实践操作的目标界定

商务英语专业办出质量、特色的关键是人才培养模式和实践教学体系的改革。实践教学体系构建和实施的系统工程主要依靠于专业定位的正确理解、实践教学目标、实践课程的准确设置和校内外实践教学条件。要想给人才培养带来培养质量的实质性提高,就要对实践教学体系整体进行不断的优化并有效实施。

2."重"实践操作的教学实施

在校内建立两类现代化实训中心。第一类主要包括口语实验室、语言自主学习中心和多媒体语言实训室等。这类实训室为学生的自主学习提供了真实广泛的学习资源和途径。第二类是拥有全真商务和办公环境的综合商贸实训中心。在实训中心，主要开展模拟教学，在学校内设置真实的商务环境，使学生自主合作，组建模拟公司并结合相关课程知识，进行仿真模拟训练，在培养学生理论联系实际、分析问题以及解决问题能力的同时又可以让学生接触到进出口相关的业务，培养学生实际动手能力。

校外的实训基地建设是教学的延伸，也是实践教学体系的完善。学生获得应用性知识与能力的有效途径的部分原因是在校外实训基地参与实际工作。建立"协作型"和"合作型"相结合的模式需要积极拓展教学空间，加强与外贸单位、海关、银行等的合作关系，把校内外的教育教学资源结合起来。学生可以在校外实训中真正接触电子商务业务，逐步熟悉进出口业务中的商务函电和制单结汇的同时还可以进行商检、保险、租船订舱、报关、缮制结汇单据等业务过程的模拟活动。

完善测评体系的主导思想是以能力考核为主，每门专业课程都有科学合理、便于操作的实训考核大纲和实施细则。测评方法改革要实现三个有利于：有利于学生知识的运用能力、创新能力和实际能力的培养；有利于促进教师教学内容、教学方法和教学手段的改革；有利于推动学生学习方法的改变，提高自主学习的能力。单一的笔试考试形式转变成理论考核和实践考核两种形式：理论课程考核可采用笔试、面试等形式，开卷、闭卷均可；实践性课程考核采用过程考核与结果考核相结合，允许学生多次参加考试，直至达到目标要求。

考核范围应将平时的实践内容全部纳入其中，平时的流程作业和公司业务模拟的表演成绩都应该成为最终成绩的一部分，这样才可以真正体现出学生掌握知识和运用知识的程度和能力。

（四）"活"岗位群适应能力

1."活"岗位群适应能力的目标界定

在"四位一体"人才培养模式下的"活"岗位群适应能力的目标界定。商务英语课程以学生就业岗位群的知识、能力和素质需求为依据，以培养英语语言能力、商务操作能力为核心，坚持理论教学和实践紧密结合为基本原则。在课程的设置上不仅要尊重学生的学习自主权，还要反映社会对毕业生知识、能力、素质的要求；不仅要充分发展学生的个性，还要增强毕业生的择业和竞争能力。

2．"活"岗位群适应能力的实施

在英语类专业基础课程的基础上，将专业岗位群中的一个专业方向划定为一个专业选修模块。通过分析所有专业岗位的情况、历年毕业生的及时反馈，以及对就业市场人才需求状况的调查，可以将目前急需的岗位群分为几个模块，学生可以根据自己的兴趣和以后的就业意向选择任意一个模块学习，并考取相应职业资格证书，如国际贸易、市场营销、涉外旅游等。

专业任选课的设置是对专业模块课程设计的拓展和升华，其科目、课程内容等可根据人才需求状况和岗位群的职业需求灵活调整，真正体现人才培养的"活"岗位群适应能力。如果学生感觉在专业模块课中获得的知识、技能和职业资格证书不能满足今后就业的需要，可以根据自己的特点和以后的就业意向，选择其他任意选修课，以拓宽专业知识和技能。通过专业任意选修课的培训获得另一个专业方向岗位群的知识技能，也可考取相应的职业资格证书，为以后的就业提供更多选择的机会。

从当前的社会生产力和劳动用人岗位需求角度出发，职业资格证书考试无疑是中国劳动者走进就业大市场的唯一有效的合法凭证工具之一和一种身份通行证，是各类企业应用型技术能力人才培养模式至关紧要的一项有效实践切入点，也是在实践中培养青年学生快速提高实际就业及岗位竞争力技能素养的一个很重要的砝码。在按照国家商务部"四位一体"的职业能力人才培养支持计划模式进行引导的前提下，学生如能独立选修上述相关各专业模块课类和校内其他任何专业类别下任意某一项相关选修课，修毕该相关课程类知识后，学生均可顺利独立报名考取其他各类行业相应的职业领域的国家初级技术职业资格证书，如汽车外销员、跟单员、报关员、报检员、涉外专业商务导游证培训等。获得相应的多项相关国家级技能职业资格证书后，可使普通大学毕业生更加充分地适应其对多个职业社会岗位群以及多样化就业的多种综合技术职业要求，有了较多技能岗位群就业的工作方式和选择，从而进一步有效地拓宽了当代大学生技能就业实践渠道面，增加了高校学生社会就业与实践机会。

在实施商务英语专业复合型人才培养方案过程建设中也要切实坚持以综合语言能力提升为育人核心，以培养应用外语能力者为办学目标，有效扎实地探索。将大学英语专业教育、商务知识能力教育、职业方向适应性教育培训和英语跨学科技能教育实践相结合，以英语"夯实基础、拓宽口径、服务地方"教学为核心应用型本科人才培养方向的办学原则，逐步培养实践出"厚"商业英语教学基础、具有"通"现代商贸理论和"重"国际贸易实践能力操作及"活"专业岗位群适应能力开发的英语"四位一体"创新型人才培养专业模式，对新世纪商务英语专业人才体系的完善培养也有重要意义。

英语"四位一体"教学法提出的一系列理论概念和教学方法为解决现阶段我国中学英语实践教学环节中涉及的诸多重要、热点问题指明了方向，并结合实际提出了一套切实可行的方法。"四位一体"框架结构理论对高校英语作文教学中的最大启示分别是：要重视语言知识和信息的输入量，并且要根据学生的情况分阶段、有侧重、循序渐进地输入。知识和技能必不可分，知识的掌握必须通过技能的训练和练习，才能上升到应用的层面，双基构成了"四位一体"牢固的底座。课堂上与课后教学都要注重内容精讲提炼和归纳精练，使学生有充分的自主独立完成学习、思考、整理、归纳总结等学习时间，从而可以最大限度地发挥学生课堂的自主能力及主观学习能动性，提高课堂效率。要学以致用，培养听、说、读、写、译的语言能力。"学"是过程，"用"是目的。在这个教学设计过程中，教师要积极创设一个生动、活泼、真实的教育语境，把新知识理念和创新技能巧妙融入课堂语境教学中一起去活学，创造更接近于课堂教学真实语境的情境教学和场景，而并不是仅仅死记硬背，这样课堂学习体验的真实效果才会更好，更有助于语言的输出。重视语言文化的学习，开展社会实践，培养具备较高语言素质的应用型人才。

二、复合应用型商务英语人才培养模式

早在2000年，我国部分高校就根据教育部在这一年颁布的《高等学校英语专业英语教学大纲》制定了自己的人才培养方案，这些人才培养方案大都直接或间接地引用了该大纲的部分内容，将培养目标设定为"高等学校英语专业培养具

有扎实的英语语言基础和广博的文化知识并能熟练地运用英语在外事、教育、经贸、文化、科技、军事等部门,从事翻译、教学、管理、研究等工作的复合型和应用型英语人才"。那么,如何快速地将一名高等院校英语专业的在读本科优秀学生培养成一个高层次复合型、应用型英语人才呢?这种多层次复合应用型英语职业技术人才培养已不是过去那种采用所谓"专业+英语"的人才培养模式而快速培养起来的高素质人才,我们当前最亟须要做的应当是把这种在语言基本功已经相当扎实,基本上可以做到通晓中英文两门学科以上或有三门中级以上两门外语及不同外语领域学科知识,做到英语知识融会或文理知识贯通,在教学实践与工作环节活动中稍经过一些实践锻炼以后很快就能真正达到外语独当一面地位的拔尖人才。所谓高级工程应用型人才,就是要具有能够自己独立操作,把工程新技术原理知识和最新技术理论能够熟练地应用于具体企业工厂的实际工程生产项目的各项具体技术生产、生活方面能力的那一批工程人,同时这些毕业生还应同时具备至少有以下几个主要技术素质:博学、专双修结合的扎实全面的技术文化知识理论技能准备,高度自主学习智力水平和文化的多元的认知能力,积极健康向上的、正确的人生价值取向意识和严谨刻苦、坚韧勤奋、进取顽强的意志品质。

  复合应用型英语人才培训随着目前我国新经济建设不断发展与当代世界各国新时代经济形势变化相互融合。在我国多元社会文化背景共存的时代前提条件下,人们也逐渐开始对复合型人才培养目标提出了一个更高层次的要求,尤其更是对我们传统复合外语专业人才培养教学模式提出了越来越严峻的时代挑战。综上所述,只有一些英语专业水平相当过硬、综合语言素质层次相当较高且合格的中高端应用型外语人才才能够一直受到老板的喜爱。伴随着"地球村"概念的出现,世界经济生活模式也是迅速地发展而进入"全球化"的世纪,与此同时,为了能够积极地顺应当今全球化时代对于国际化社会的国际化教育的要求,我国现在的国际英语大学专业教育体系也应该是能逐步表现出我国有相当一定程度高水平的学生英语能力国际化提高水平和大学教育世界化内涵发展能力水平,摒弃并克服以往一些学校外语本科的教学论课程中专业课程的设置与内容层次过窄、知识面相对狭窄、教学内容结构陈旧与老化问题以及基础英语知识结构较为单一和老化现象等问题，着力有效地探索培养一支能够真正与社会现代化及经济科技信息化社会建设事业发展需求相适应、与当今我国整个社会科技文化事业建设快速发展步伐相适应的高素质技能型的新型多复合、多层次、高素质应用型外语人才。在英语专业课程体系设置选择上，既要保证其具有相对扎实专业的大学英语语言基础知识，还要能加大与其实际应用专业交叉联系融合的教学力度，做到英语既是专业理论知识过硬，又能熟练地通晓其相关学科国际知识，从而能够使学习者毕业时就能迅速地适应社会需求，提升起自己主动参与实际就业市场竞争环节的能力。在我国实际运用的教师英语授课教学等活动形式中，人们对此持有两种完全截然不同的观点。其中还有大部分对外汉语专业教师也认为在开展英语教学活动的教育过程研究中，应当不断学习融入国外一些英语教育国家独特的经济社会文化背景和其思想道德及价值观念，奠定自身良好、扎实的传统英语文化知识，培养新一代高素质复合型双语人才。另外，还有相当一些年轻教师认为，英语课程教学还是应当以双语教材体系为主，无须教师过多地介绍英语民族文化背景，侧重在培养学生综合双语知识应用与能力即可。综合考虑来看，专业应用外语人才必须具备如下基本特点：有扎实广博的本国语言文化功底，了解自己所学语言国家相关的世界历史、地理、思想观念及国家道德标准，并同时能充分欣赏到所学的语言国家有关的高雅文学艺术及艺术作品。无论是强调"外语＋专业方式"还是"专业＋外语能力"都应是积极正确的。因此，培养高层次外语人才也应强调注重学生知识结构层次的合理化、宽泛化及实用性。为尽快适应现代经济进入全球化知识经济时代发展的最新特点，针对整个社会对外语人才市场的实际需求也已日益呈现多元化需求的总体趋势，以往的那种仅仅只注重掌握基本外语专业知识能力和英语基本听说技能，而却别无所长的"纯外语人才"模式已逐渐无法有效满足人类社会人才培养的需求。而正是这种积极大胆的尝试将现代高等学校英语专业理论课程体系改革实验和应用英语教育实践中创新英语课程学习实践方式有效结合，进行理论结合与研究结合的创新学习方法实践，培养英语专业复合应用型人才是高校英语专业教育体制改革的必然。

复合应用型商务英语人才模式理论依据有以下几点：

（一）多元智能理论

1."多元智能理论"的产生和内涵

美国著名的教育系统心理学家、哈佛大学教授霍华德加德纳院士 (Dr。Howard Gardner) 基于他多年以来的对激发人类心智潜能问题的大量理论试验及研究，于 1983 年出版的论文集《智力的结构》一书序言中，首次全面提出并系统着重阐明了关于他创立的人类多元智能开发理论体系的最基本结构。"多元智能理论" (The Theory of Multiple Intelligences，简称 MI 理论)，认为智能思维是在具有特定文化含义的历史背景和具体环境下创造出有效解决问题的方法或创新产品制造方法的能力。就人类原始社会阶段基本社会智力结构状况上来说，每个原始社会人身理论基础上均应有至少五种潜在的或可能具有的八种层次以上不同功能层次上的人类社会智能特征类型：一是逻辑言语智能，即熟练掌握并能根据具体情境灵活使用所学的语言、文字知识的能力；即其具有的听说理解及言语读写等三种主要能力类型；二是逻辑数学智能，即要具有对复杂事物的内在逻辑关系及事物发展规律的科学直觉式的理解、分析、数学运算、综合评估的能力，并能据此进行相应的运算推理的能力；三是视觉空间智能，即主体能对其所处环境中的特定事物的形状、颜色、图案、相对位置等信息进行精准的把握，并能对之进行相应的阐述、抽象概括与应用的能力；四是肢体运动智能，即人的综合运动能力以及在此基础上形成的创造能力；五是音乐智能，即个人对音乐的接受、欣赏、感悟、模仿、创作等能力，以及将相关内容予以准确表达、阐发并有效传递给他人的能力；六是人际智能，即能够与他人建立起和谐友好的社交关系，能与社交对象进行有效的沟通，能与他人进行有效的协作；七是内省自我智能，即一个独立的个体正确认识、洞察这个世界和自我深刻反省弥补其自身心理缺陷方面的能力；八是自然探索智能，即个体对其所处的自然环境及社会环境的观察、了解、认识及适应能力。1999 年加德纳又进一步提出了存在的智能，即人类对未来人生和宇宙终极状态进行的重新思考、为未来自己做出定位决策的一种能力。

多元智能理论认为，以往人们对于智能的认知过于偏狭，造成了许多认识误区，无法为教育者提供合理、有效的理论指导。多元智能理论坚持多元化的智能认知与评估标准，对于智能的范围予以了适当的扩展，该理论认为人的智能是多种多样的而非单一的，人的智能具有广泛性和多样性，具体到个人来说，每个人身上的智能都不是单一的而是一个智能组合体，这个组合体就是由上述不同的智能不同程度的结合而成的，并且这种组合型的智能是不断发展的。

2."多元智能理论"的意义

"多元智能理论"有助于形成正确的智力观。"多元智能理论"使广大的院校管理者充分认识到：真正有效的教育必须认识到智力的广泛性和多样性，并使培养和发展学生各方面的能力占有同等重要的地位。多元智能理论有助于形成正确的发展观。按照加德纳的这个基本理论观点，学校教育应当将发掘和帮助学生发展其具有一定独特性和差异性的组合型智能作为教育的宗旨之一，教育机构应依据学生身上不同的智能组合类型进行差异化的分类培养，应当帮助学生找到与自己的组合型智能特点相契合的兴趣、爱好、特长、学科，并努力为学生创造有利的成长环境让其不断发展自己所擅长的领域。多元智能理论有助于人们拓展对于教育本质的探索，有助于转变和优化人们的教学观。多元认知智能理论有助于促进学校内部形成的积极正确与理性客观的价值观教育、学生认知观教育和评价观。

（二）内容依托教学理论

1.内容依托教学定义

内容依托教学（Content based Instruction，简称CBI）是以学科内容为依托的语言教学模式，指将语言教学建于某个学科或某种主题内容教学之上，把语言学习与学科知识学习结合起来，在提高学生学科知识水平和认知能力的同时，促进其语言能力的发展。总体来说，内容依托教学就是把语言学习作为学习内容的媒介，把内容作为语言学习的源泉。它与传统英语教学的不同之处就在于内容依托教学倡导，通过主题学习（subject matter）而不是单纯的语言学习来获得语言能力。

2.内容依托教学特征

内容依托教学的特征概况为以下四个方面：第一，内容依托教学以学科知识为核心，教学内容和大纲应围绕学科内容展开，而不是围绕目标语言的功能、形式或技能进行，学生的语言交际能力是在对学科知识的学习过程中获得的；第二，内容依托教学使用真实的语言材料，教学过程中使用的教学材料包括课文、音频或视频资料应选自以英语为母语的国家出版的材料,教学活动主要注重理解和传递有意义的信息,用真实的目标语言完成学习任务;第三,内容依托教学应学习新信息,学生在依托教学模式下通过自己已有的知识用英语进行学习、分析和评价新信息;第四,内容依托教学的课程设置符合不同学生群体的需求,教学中的主题、学科内容、语言材料和学习任务应符合学生语言水平、认知能力和情感需要,并与学生的职业需求和学习兴趣相适应。

3. 内容依托教学模式

内容依托教学模式根据不同的教学环境、教学目的可具体分为三种主要的教学模式:第一个是主题式教学,指教学内容围绕某个主题或与主题有关的若干话题进行,语言知识点从属于教学主题,这种教学模式是内容依托教学的最基本形式。第二个是附加式教学,指在正常的学科课程教学的同时开设以相同学科内容为基础的语言课程,语言课程为专业课程学习服务,虽然教学内容相同但教学的侧重点不同。第三个是保护式教学,指学科内容教师用第二语言对学生进行学科知识教学,教学材料的难度要符合学生语言水平和专业的接受能力。

三、创新型商务英语人才培养模式

随着就业市场的不断发展,对英语人才的培养提出了新的要求,除了需要英语语言文学学科领域的研究人员和教学人员外,还需要大量的英语与其他有关学科相结合的创新型英语人才。培养这种英语人才是社会主义市场经济的需要,也是时代的要求。因此,21世纪的英语人才应该具备以下五个方面的特征:扎实的语言基本功、宽广的知识面、一定的专业知识、较强的能力和较好的素质。大学英语教学改革中创新型人才培养模式,就是以培养创新型人才为目标,从创新型人才的特性与社会发展需要出发,在大学英语教学理念、师资培养、课程设置、教学内容与方法和教学评价体系等方面实现创造性调整或变革的教育运作方式。

创新型商务英语人才模式有以下几点教学原则:

(一)主体性原则

在教学活动中,学生是认知的主体,知识要靠学生的主动思维去获得,创新意识、创新精神和创新能力的培养也要在学生的主体参与过程中才能实现。著名的教育家叶圣陶曾说过"教是为了不需要教，不教是为了养成学生有一辈子自学的能力。"为培养创新型人才，大学英语教师的身份应从传统的传道、授业、解惑之人转变为指导学生学习、促进学生学习之人。其主要任务是教会学生语言习得的方法和规律，通过举一反三，融会贯通，带领学生走向知识，培养学生的自主学习能力和主动获取知识的能力，并引导他们进入相关领域里更深层次的探索和更高阶段的学习。坚持主体性原则，就要把学生看成是课堂教学中与教师处于平等地位的主体，激发共同参与课堂教学的责任感，增强学生自信心，逐步形成独立自主意识和质疑批判精神，为创新意识、创新精神和创新能力的培养提供基础。

（二）民主性原则

从本质上讲，创造性活动是一种异常的行为。有利于创造性活动的一般条件是心理安全和心理自由。教师教学过程越民主，学生的盲从意识就越弱，创新思维就越灵活。在商务英语教学中，教师应以培养学生创新意识、创新精神和创新能力的良好环境为切入口，营造一个开放、和谐的课堂教学气氛，这种"心理安全""心理自由"的氛围有利于学生产生解决新问题的勇气和信心。课堂上，教师避免居高临下，应该支持不同的意见，淡化教师权威，鼓励学生向知识、向教师质疑，让学生充分表达自己的想法，尊重学生的个性差异和兴趣，激发和保护学生的好奇心和自信心，平等地对待每一个学生，只有在教学过程中尊重学生，鼓励学生勇于表达自己，才能进一步激发和培养其创新精神和创新能力，使学生能够灵活地运用知识，产生更富有个性和创新意识的作品。

（三）个性化原则

学生个性特征发展得越明显，其创新力就越强。长期以来，我国的大学英语教学一直偏重对学生听、说、读、写、译五项技能的培养，忽视了学生思维能力、创新能力、分析能力和独立提出见解能力等个性的培养。此外，高校内大学英语学科培养目标、教学计划以及教材的统一性也削弱了学生的思维能力和创新意识。创新型人才的培养应该坚持个性化原则，在教学过程中形成一个充分张扬学生个性的氛围，让学生认识自己的个性特征，不迷信权威，不盲从教师和书本，增加思维的多样性与丰富性，拓宽思维的深度和广度，扬长避短，引导学生朝最能发挥自己优势和特长的方向发展，进而培养学生的创新能力。

（四）实践性原则

实践是创新的源泉，培养学生的创新能力必须通过实践。实践是课堂教学的延伸和扩展，是将理论知识转化为创新能力的桥梁。大学商务英语是一门实践性很强的课程，在创新型人才培养过程中，大学商务英语教学在培养学生语言能力的同时，还要注重培养学生的交际能力，不仅给予大量的听、读语言输入，也要让学生有充分的说、写语言输出，要鼓励学生到社会生活中去实践，把英语课堂扩展到书本外，应用到实践中去，甚至拓展到其他学科，知识来源也从教师及教材延伸到任何能够使学生受益的实践平台，将理论知识转化为创新能力。

第三节　商务英语人才培养模式实现途径及创新

一、"四位一体"商务英语人才培养模式实现途径

"四位一体"外语教学体系围绕以人为本的教育理念，以建构主义学习理论为基础设计。建构主义理论强调以学生为中心；强调学生对知识的主动探索、主动发现和对所学知识意义的主动建构；强调"情境"对意义建构的重要作用；强调"协作学习"对意义建构的关键作用；强调对学习环境（而非教学环境）的设计；强调利用各种信息资源来支持语言学习，包括网络学习。

（一）优化教学目标

在英语教学过程中，"四位一体"教学要求教师根据知识的内在属性和学生的认知水平组织教学。教师在教学中针对学生英语水平参差不齐的情况，需要参照学生的学习基础、学习方法和兴趣爱好去布置授课所需要的内容和计划。大一时期，主要以提高学生学习兴趣、加强学生语言功底为主，在每个单元确定重点、难点，对高中的语法、词汇进行系统的讲解和复习，让学生课前预习，给学生留

讨论题、思考题、答辩题等，充分调动学生的学习积极性，在课上对每个单元加大导入部分的信息输入量。丰富背景知识是加快有效阅读理解的前提，背景知识是指与课文相关的英美文化及意识形态，如英美历史、历史事件、《圣经》、古希腊罗马神话、词语的文化内涵等。

（二）采用小组协作学习

协作学习是通过小组和团队的形式组织学生进行学习的一种方法策略，与个人学习不同。实现班级学习目标的重要组成部分就是小组成员间的协同合作。小组协作活动中的个体可以与其他成员或全班同学分享其在学习过程中探索、发现的信息和学习所需要的材料，通过角色扮演、辩论、讨论、竞争、合作、问题解决等协作方式呈现。

（三）调整专业课程体系

在课程的设置上，把基础专业理论课和社会实践课程进行科学合理的细分化，理论课程得到一定的压缩，在教学过程中尽量弱化理论，强化社会实践课时的比重，对学生的成绩考核做出相应的调整，将社会实践课单独划分评定学分，充分体现出课程的可操作性和应用型特点。例如，对于国际商务专业的学生来说，在一种时间紧迫的高压状态下完成商务活动的预定目标为首要具备的能力，因此通过对商务英语的专业基础课的实践操作来考核学生是高校院系所要做到的，这些能力的培养至少要通过两个环节才能得到实现和强化，一是在课堂实践课中体现，二是在后期实习环节中实现。

（四）构建多媒体技术平台

可以真正体现实践性的是集功能性、融合性于一体的多媒体技术平台。具有完备的教学硬件才能实践出成果。大学校园里媒介社会化程度较高的是美国的大学，校园里既有仿真较高的商务活动场景模拟实验室，又有高端的计算机信息网络资源库，有的甚至拥有大公司实习基地，为学生提供较高的实践平台。目前，我国普通高校因为受外界的各种因素制约，以至于在现有条件下无法建立起专业、庞大的多媒体技术平台，只能充分利用现有的学校资源将校内资源进行整合，打造出多媒体实验室和商务场景模拟实验室，为学生构建实训和实践的必要技术平台，实现现有资源的有效利用。

二、复合应用型商务英语人才培养模式方案实现途径

（一）课程设置相互渗透

高年级英语可以开设诸如"中国哲学与智慧""中国古典文学欣赏""中国近现代文学""西方美学导论""西方哲学概论"等文化选修课，使学生可以通过查阅资料、撰写读书报告、课堂上做讨论式发言等方式，增加学生的人文学科知识，培养学生的文化素质。高等院校可以将各类课程、不同技能的训练相结合，制订课程框架的设置，如阅读课实行读写结合，以阅读指导写作，写作促进阅读；听力、口语合二为一，语言输入与输出同步进行。

外语教学不仅是语言知识的传授，更要考虑与文化知识、社会背景等的紧密结合，如果语言仅仅是一种载体，没有丰富内涵的语言教学必然是苍白枯燥、不受欢迎的，语言教学真正的内涵是文化知识。

（二）积极创造条件

建立"国际贸易英语""旅游英语""涉外文秘英语"等新型专业方向，推行第二专业、辅修专业等制度需要高等院校外语学院充分利用各系间资源共享和师资共享。改变对学生的评价机制，实行学分制，适当地削弱对考试结果的过分倚重和僵化的考核与管理模式。

（三）优化师资结构

英语外教在英语教学上最突出的优势就是自身地道的语言表达和轻松灵活的教学氛围以及启发式的教学方法。中国教师和外籍教师的教学方法、特点有各自的优势，为提高教学质量，可以采用中外教师相结合的培养模式安排课程教学。

（四）建设校内实训基地

第一，在实训时，教师运用国际贸易实务实习平台，正确引导学生进行仿真的商务活动模拟训练。使每个学生都拥有自己创办的模拟公司，使其独立模拟网

上的国际货物与服务贸易，让学生在主动学习和实践操作的过程中逐步养成敏锐的市场意识、良好的商业交往能力以及快速应变、理性分析的综合能力。教师在模拟实习中的主要作用是进行系统的教学设计、有目的地创设真实的商务场景，促进学生过对已经掌握的英语知识、国际商务知识和技能的综合运用和深度运用。

第二，建立校内模拟实训室，使学生能够多接触外贸企业中的真实应用文献，如单证、说明书、手册、专利、合同、广告等。要求学生对常用的通知、商业函件、个人简历、合同等能够做到填得出、写得好。

第三，建立专业教学指导委员会，学校可通过聘请企业管理人员、专家和行业协会的代表担任委员，成立商务英语专业教学指导委员会，定期举行会议和考察，加强专业教学和管理，促进专业建设和发展，商讨专业的发展方向并提出专业建设性的意见，审定专业的教学计划，协调管理学生实训，指导学生的就业问题。

（五）校外实训基地建设

第一，校外实训可以是参观实习基地、请基地人员现场教学等。学生可以利用寒暑假到企业进行专业认知实习和岗位认知实习，有能力的学生可担任兼职业务员。指定教师加强指导，组织优秀学生参与实践，为以后的就业做出充分的准备。

第二，要注重加强校外实践基地的建设。参加校外实训可以使学生"零距离"接触到生产、建设、服务和管理的第一线。加强与企业的联合、与产业的结合、与社会的融合，保证做到科学先进，才能确保实训基地的最终建立，确保学生真正参与生产、建设、管理和服务等的实际运作，通过实践可以使受训者更深刻地了解并准确把握岗位技能、要求、社会环境、市场环境和企业运作管理模式等。校外实践基地是人才培养的重要基础。充分挖掘资源与企业加强联系，形成就业为导向，企业为依托的校企合作、生产与学习相结合的教育模式，培养真正意义上的复合型、应用型人才。

三、创新型商务英语人才培养模式实现途径

（一）目标体系以就业为导向

随着市场竞争机制的引进，就业市场出现了雇佣双向选择的局面，毕业生开始走进人才市场推销自己。如何使毕业生适应市场并成功就业，这就要求对就业市场的需求有较准的把握。英语人才的培养需要我们认真地考虑当前市场经济需要什么样的英语人才。经济全球化导致对外交流的增加，传统单一的英语人才已经不能满足多元化的趋势，社会更需要具有综合实力的创新型英语人才，即能将英语与某个专业领域相结合的英语人才。创新型英语人才培养的模式应以就业市场为导向，将就业市场需求情况与英语人才培养紧密结合起来，培养出适应市场经济需要的英语人才。

（二）结构体系以创新为特色

虽然创新型英语人才要求将英语与某个专业相结合，但是我们也要根据不同专业的不同情况，在培养模式的制订上因地制宜。英语专业创新模式，即以英语为主，在外语范围内进行，将英语与学科紧密结合的培养模式。具体表现为实行"英语＋专业倾向＋学科专业"，三者的课时按1：1：1来划分。模式可分为大、中、小三个规模。这种模式旨在提高英语专业水平的基础上，延伸到提高整个外语水平，使学生不仅仅是掌握一门外语，而是掌握至少两门外语的同时具有某个专业特长的高水平英语人才。像这种一专多能英语应用型高级创新人才，正是我国创新型英语人才的培养目标。

（三）课程体系以专业为基础

在创新型英语人才培养模式的建构中，英语的课程体系不只是简单地拼凑组合，而是根据创新型英语人才培养的目标和规划，对基础与应用、理论与实践、选修与必修等课程的一种科学有机的优化组合。在以创新为基础、市场为导向的前提下，学习英语语言基础知识，掌握英语中听、说、读、写、译等方面的语言基础训练，能够熟练使用计算机进行英语及汉语言文字处理的同时掌握多方面的

科技知识和技能，在外贸、外事和外资等方面具有较高的基础和能力，能够适应其工作。

四、商务英语人才培养模式创新

（一）工学结合视域下商务英语人才培养模式创新

为了实现商务英语的人才培养目标，尽量运用校内外资源相结合的方式来提高学生的语言实际运用能力、国际商务业务实践能力，重点培养学生的创新、创业能力。

1. 走工学结合之路

走好工学结合双语教育模式之路是真正实现商务英语专业多元化人才培养模式与教学目标要求的重要途径之一。工学结合教育模式是将高校教育资源与社会资源进行有效整合并综合运用的一种教育教学模式，这需要高校与企事业单位深度合作，最大限度地将学校的课堂教学与企事业单位的工作实际相融合，让教学活动最大程度地接近于职场实况，争取让学生在完成知识学习的同时能在有关的企事业单位中实践其所学，从而促进学生不断提升职业素养和就业能力。第一，工学结合的模式能有效促进高校商务英语教学的改革和完善，让学校的课堂教学更加贴近社会实际，可以让学生在具体实践中不断地凝练、升华和修正课堂学习中所掌握的相关知识，让高校的教学活动最大限度地符合社会对毕业生的实际需求，促使高校及时调整和完善商务英语专业的课程设置体系、教学评价体系以及教学内容。第二，工学结合有利于提升高校商务英语专业学生的实操能力。通过高校与社会企事业单位的深度合作，让学生在各合作单位进行相应的工作锻炼，使学生及时了解我国涉外企事业单位的真实工作环境和具体工作状况，让学生能亲身实践所学的外贸单证操作、国际结算等知识，使学生的专业知识和实操能力得到全方位的训练和提升，帮助其尽早确立自己的就业方向意愿，为实现顶岗实习与就业、创业之间的无缝衔接打下坚实的基础。第三，工学结合有利于提高高校商务英语专业学生的就业能力和综合职业素养。工学结合使学生有机会在真实的涉外工作环境中参加外贸企业的生产实践，在健康良好的企业文化氛围下学会做人做事，培养团队合作意识，培养学生正确的工作态度、职业道德和企业责任感，从而提高自身的综合职业素质。第四，工学结合的培养模式也有助于高校学生建立正确的劳动观与财富观。高校学生在合作单位中开展实习活动，为实习单位创造一定经济效益的同时能得到相应的报酬，这可以让高校学生认识到恪守职业道德、辛勤劳动、创造性劳动才是个人财富的正当来源，劳动是一切成功的必经之路。第五，工学结合是高校、合作单位以及高校学生三方共赢的良好教育教学模式，有利于高校商务英语专业师资力量的壮大，也有利于高校学生的快速成长，还有利于企事业单位的人才储备。与高校开展合作的企事业单位在接收派遣实习生的时候，可以全方位地考察、了解每个实习学生的知识水平、工作能力、职业发展潜力、职业道德修养，从而为本单位的人才储备池挑选合适的人选，为企业的发展积蓄后备人才资本。

2. 开展基于培养专业能力的课程教学

课程的教学工作是实现高素质人才培养的一条重要措施，是培养和提高本科学生专业能力的关键。高校商务英语专业要培养那些能够在短期内快速适应我国涉外企事业单位商务英语工作岗位要求的人才，这些工作岗位要求毕业生具有一定水准的商务英语交际能力和涉外业务处理能力。商务英语交际能力，就是要求毕业生能熟练地掌握商务英语的听、说、读、写、译等技能，能够把这些技能应用到工作实际中，能与国外的客户进行顺畅、有效的沟通交流。所谓涉外业务处理能力，也就是毕业生能将所学知识应用到具体的涉外商务工作中，能根据不同的工作流程和工作内容顺利地完成国外市场开拓、涉外商务谈判、处理涉外商业往来函件、填制并审核相关单证、解答国外客户的咨询、处理国外客户的投诉与商业纠纷等工作任务。商务英语专业学生的这两项能力，无论是商务英语交际能力还是涉外业务处理能力，都包含实际应用与理论知识两个方面。其中，理论知识是前提和基础，实际应用则是理论知识的检验标准和归途。高校商务英语专业课程体系设计应当以实践课程体系为主导，将理论知识课程与实践课程有机结合，将理论知识课程有效融合到实践课程体系中，以实践课程的开展来促进对理论知识的掌握，让理论成为提升实践能力的坚实知识基础。

为有效培养学生的实际应用能力，在课程设置方面，可以将整个课程体系划分为不同的板块：素质修养基础课、专业基础课、专业核心课、就业方向课和毕业实践课程。这几个板块的课程相互配合、相互融合、相互促进，每个板块的课程又各有自己的侧重点。素质修养基础课旨在培养学生的基本职业素质，勤勉尽职、兢兢业业、开拓进取、富有团队精神、善于沟通协调的专业人才，是很受涉外企事业单位欢迎的。专业基础课重在培养学生的各项英语语言技能，开阔的国际视野，跨文化交际的能力。专业核心课包括理论知识类课程和实践操作类课程两个部分。理论知识类课程旨在让学生掌握与国际贸易、商务谈判、商务礼仪等国际商务活动有关的基础知识，为后续的实践操作课程的顺利学习打下基础，为培养学生的实际操作能力奠定稳固的知识根基。实践操作类课程主要是一些在工作中可以直接上手使用的应用型科目，教学手段可以多使用仿真实验室、实训基地等方法和途径，这类课程可以加深学生对理论知识课程的理解和认识，让学生逐步具备独立操作能力，在毕业以后能快速地适应工作岗位要求。就业方向课需要根据学生的知识基础、实践能力和就业意向来确定，侧重于培养学生的综合素质、就业能力，多以选修课的形式开设。毕业实践课程就是以实际工作来检验学生在校期间的学习，提升学生的实际工作能力，让学生在企事业单的实习岗位上把所学知识加以运用和升华，接受企业人力资源部门和专业人的岗位培训和具体工作指导，为学生毕业后就能很快上岗独立承担工作职责打下基础。

在课程教学手段和方法上，应该多样化，充分利用校内外各种教学资源，将知识学习与能力提高有机结合起来，在一些实践性较强的课程中教师应尽量设置逼真的涉外商务环境，发挥情景式、案例化教学等教学方法的长处，能利用仿真实验和实训基地进行教学的课程使用，把理论知识的教学融入实践操作中去，在实践操作更加深刻、充分地讲解理论知识。现在我国已经深度融入世界经济体系，企业需要更加充分地利用国际市场和国际分工合作体系，企业对于员工开拓海外市场和驻外工作的能力也越来越重视，这就需要高校的课程教学不断突破原有方法和模式，注重提升商务英语专业学生的商务运作能力和创造能力。与此相对应，高校教师在课程教学的过程中，应注重培养学生的积极性和主动性，鼓励学生大胆创新，培养学生的独立自主精神和开拓进取精神，尽量避免使用单向度的知识灌输的教学方法，而应让学生成为课程学习的主动参与者和重要角色，增强教学活动的互动性。

3. 建立为实施工学结合培养模式服务的保障体系

商务英语专业的一些核心课程具有极强的实践性，除了课堂教学以外，还需要经过一定的实际操作训练，才能让学生更深刻的理解和把握相关的专业知识，虽然情景式教学、模拟式教学、校内仿真实验室都能在一定程度上帮助学生提升实践操作能力，但更重要的是要实施"工学结合"的教育教学模式，建立高质量的校外实训基地。

高校要充分利用社会资源，与一些涉外企事业单位建立起长期稳定的合作关系，校企共建校外商务英语实训基地。通过校外实训基地开展实践课程的教学有很多优点，教学效果也要比课堂教学更为显著，它是较快提升学生商务英语实践能力的重要途径和方法。无论是学校的仿真模拟实验室，还是校内实训基地，在真实性上都是无法与校外实训基地相比的，完全真实的工作环境和工作流程处理是很难模拟出来的。参加实习的学生通过在实训基地的具体工作，可以快速提升个人职业能力和职业素养，加深对课堂教学内容的理解，对自身就业能力有很大的帮助，这些很难通过单纯的课堂教学来实现。学校应该对高质量校外实训基地的建设予以充分重视，深入挖掘和利用高校的社会资源，舍得投入资金和人力，优化管理体制，与合作企事业单位实现深入融合，共同管理和维护校外实训基地的运行，共同制订和完善实习方案，建立流畅的实习效果考核评估反馈机制，最大限度实现"产学研"一体化，让合作单位对高校的课程设置、教学改革、教材建设和师资队伍建设建言献策。

建立起合理的学习评价体系。教育教学评价体系对于实现商务英语专业培养目标意义重大。教学评价是教学的一个重要环节，具有导向性作用。在工学结合视域下商务英语培养模式应摒弃一元化的教学评价标准，而采用综合性多元化的评价标准体系。这些评价包括过程性评价和终结性评价。终结性评价只能在一定时期和程度上以数字化的形式对学生的学习效果进行评价和比较，但是无法真正反映学生的学习过程、学习能力和学习态度。学生在学习知识、参与实践的过程中，会自发展示出各自的兴趣、态度、参与度以及能力发展状况。对这些表现进行学生自评、互评给出判断和评价，可以帮助学生了解自己的长处和不足，并及时纠正错误、弥补不足，提高学生学习的积极性与自觉性。过程性评价也可以使教师更好地了解学生的学习情况，便于有针对性地开展教育教学方改进。

加强师资队伍建设。通过工学结合模式来培养商务英语人才需要一支既具备英语基本功和国际商务实践知识，又具备过硬的实践技能和较强的实践指导能力的双师型教师队伍。可通过加强培训内部师资队伍与引入外部师资人才等途径来实现；可安排每一位教师定期到涉外企事业单位挂职锻炼，以便在专业知识、技能和职业素养方面得到有效整合与提升。学校应支持和组织商务英语专业教师参加各种学术交流活动或定期培训，向国内外专家学习，了解最新的学术动态，不断提高教师的理论水平。应当鼓励教师指导学生参与各类商务英语有关的竞赛活动，把教师的竞赛指导工作纳入工作量和工作绩效的计算和奖励范围。这些大赛多以提高学生的英语实际运用能力与外贸综合业务能力为目标，教师通过指导学生参与这些大赛，可以提高自己实践指导能力，也有利于提高教师的工作积极性。此外，可以聘请校外企事业单位专家和外籍教师来优化师资队伍结构，弥补师资力量的不足。

（二）市场需求视域下的商务英语人才培养模式创新

1. 加强应用型人才培养

2014 年，教育部积极倡导 600 所地方高校转型，转向应用型技能人才的培养。应用型商务英语人才的商务技能培养，应当以经济社会发展的实际需求为导向，尤其是在专业课程设置和课程内容选择两方面。市场所需的就是实践能力较强的商务英语人才，所以有些地方高校转向培养应用型人才无疑是商务英语专业加强应用型人才培养的风向标，为商务英语应用型人才培养找到了坚实的理论依据和政策支持。

商务英语专业教学应注重"知识性与实践性相结合、语言能力培养与人际沟通能力培养相结合以及实践能力与创新能力相结合的三结合"。商务英语专业的应用型人才培养应重视商务英语专业人才在实际商务场景中熟练应用英语语言技能的能力，除了扎实的英语语言基本功之外，应用型人才还需掌握外贸实践技能、电脑操作技能、跨文化学习的技能和综合技能等。

2. 重视学生实践技能培养

由于沿袭了传统的英语教学模式，导致许多高校的商务英语专业片面重视学生的理论修养却忽视了学生的实践技能培养。为了能够真正培养出市场所需的商务英语专业人才，高校要充分了解市场需求，依据市场需求合理设置人才培养方案、优化课程体系，重视商务英语专业人才商务实践技能的培养。

商务英语专业的学科特点之一便是其极强的实践性，这就要求高校在培养商务英语人才的时候要敢于打破常规的课堂教学模式，建立起新的课堂教学模式，教师在课堂上应通过灵活多样的教学活动充分调动学生的学习积极性，让学生成为课堂活动的主动参与者。如教师课堂上通过创造一定的商务场景，鼓励学生参加诸如角色扮演、模拟商务谈判、小组讨论等形式的课堂活动，让学生在仿真的商务环境中应用、巩固和提高所学的知识，培养商务操作技能。

与单一的理论教学相比，贴近实际的实训教学更能提高学生的学习积极性。校内实训实验室是商务英语专业学校应具备的教学设施，有了商务实训室，学生就可以足不出户，待在学校便可利用模拟的高仿真商务场景训练其实践操作能力。目前，主要的模拟实训平台有外贸函电实训平台、外贸单证实训平台、国际贸易实训平台等。此外，为了增强商务英语专业人才实践能力的培养，高校应鼓励学生参加各种职业能力的资格考试，如剑桥商务英语证书考试、商务英语翻译证考试、单证员考试等，通过参加考试学生的理论知识会得到进一步深化，更能符合企业的需求。

3. 建立校企协同育人机制

目前，我国高校商务英语专业在人才培养方面普遍存在的一个比较大的问题是不能满足市场实际需求，即高校所培养的商务英语人才不能胜任企业的工作岗位，二者的匹配度较低。校企合作、产教融合的育人模式是切实提高商务英语专业人才质量的有效途径之一。

高校与企业建立协同育人机制可以有效解决高校双师型商务英语缺乏的困境。通过高校与企业的"联姻"，二者可以互通有无，高校通过送出去的方式，积极选送商务英语教师下企业锻炼，可以切实提高商务英语教师的商务实践技能、丰富商务英语教师的实践经验、更全面了解商务英语人才的岗位职责、岗位能力，进而更好地进行商务英语教学改革。此外高校还可以通过"请进来"的方式聘请丰富实践经验的企业人士担任商务英语专业核心课程的教学，为高校商务英语师资注入新的血液。高校与企业联合起来共同打造一支强外贸实践技能、厚英语基础的双师型师资队伍。

基于校企合作的深度融合，高校与企业应加强实习基地建设。高校按照市场需求合理设置学生校外实习的时间，可以将短期见习和长期实习结合起来。在低年级阶段，商务英语专业通过参加在企业的短期见习对商务英语专业人才的岗位职责、能力要求等建立初步的感性认知。在高年级阶段通过参加长期如半年左右的实习可以使其身参与实战型的外贸实践，在实践中学会感知、学会思考，其外贸实践能力、岗位任职能力、人际交往能力等会得到大幅提升，进而实现从高校到企业的零对接。

（三）可雇佣性理论视域下商务英语人才培养模式创新

以可雇佣性理论为视域，对高校商务英语专业人才培养模式进行改革创新，势必有利于该专业在未来数十年健康、快速地发展。

1. 强化教师与行业的接轨

传统的英语专业课程设置旨在培养单一的以英语语言技能为主的英语专业人才，这一理念与新时代商务英语专业人才的培养目标不符。各高校应对英语学科基础课程进行优化与整合，根据新时代的发展形势和行业发展动态增设新课程。电子商务已成为商业发展的重要方向之一，这就要求学校应适当增加电子商务等相关课程的比重，做到与时俱进。

学校还应重视和强化教师与行业的接轨，采取教师赴企业挂职锻炼等方式，让教师走出象牙塔，赶赴市场第一线、行业最前沿，去亲身体验、深入了解社会需要什么样的人才，企业希望雇佣什么样的员工，从而把市场信息带入课堂教学，并客观地传递给学生，打造学生的可雇佣性意识和技能。把人才培养的模式从传统的"教师—学生"的单向教学模式，转向"市场—教师—学生—市场"的螺旋循环型的新模式，全面提高商务英语专业学生的可雇佣性技能。

2. 增加实训课程比重

学校可以通过将可雇佣性技能嵌入专业课程学习，增加实训课程的比重，在实训的过程中给予可雇佣性教育同技术、知识同样的地位，实现可雇佣性教育最大限度的开发。除此之外，还可以通过开展学生参观行业企业实训周等活动，由专业教师带领团队，把学生领进外贸行业的第一线，让学生亲身经历工作环境，为以后的就业做好心理上的准备。

3. 开拓多元培养模式

通用技能所具有的普遍适用性和高度的可迁移性，对每个人的职业发展具有深远的影响。如个人在工作中所运用和部署人力资本的技能，像个人特性、学习能力和人际沟通能力等都归属于通用技能范畴。相关研究表明，中国的大学毕业生的通用技能仍处于较低的水平，所以在培养人才的过程中就要求我们集思广益、拓宽眼界、开发多元化的人才培养模式。在传授专业课的同时，应立足于当前快速发展的社会现实以及就业形式。针对市场需求和职场的特点开展意在提高学生通用技能的活动。如展开商务礼仪培训、班级心理团训、模拟招聘会等活动来提高学生的人际沟通能力、领导组织能力、执行力、规划力以及团队配合能力等当前阶段人才所具备的素质。

结 束 语

  我国改革开放不断深入发展，市场经济体系逐步完善，与国外的交流领域进一步扩大。在这种形势之下，社会对于既精通商务知识又具备英语能力的高素质外贸商务人才的需求量急剧增加，商务英语专业也因此应运而生。作为复合型新专业的商务英语，在广大教师同仁与时俱进、开拓创新的努力之下获得了长足的发展。随着全新时代的来临，国际商务领域将受到前所未有的冲击，因此商务英语专业的教学及人才培养模式应该顺应市场经济的发展，不断推陈出新，与国际接轨。

  在对商务英语基础理论有所研究之后，坚持探索和改进商务英语教学环境和文化，并对商务英语的教学模式相关理论有所理解和把握，按照实现途径去实现和完善"四位一体"商务英语人才培养模式、复合应用型人才培养模式和创新型商务英语人才培养模式，并在不同视角，如工学结合、市场需求和可雇佣性等视域下对商务英语人才模式进行不断创新，使我国商务英语人才质量达到所需标准，并在此基础之上，加快优质商务英语人才的培养，为我国市场经济和国外交流贡献力量。

参考文献

[1] 孙志婕. 新文科背景下商务基础英语"三元一体"式课程设计研究——以兰州财经大学为例 [J]. 佳木斯大学社会科学学报，2022，40（04）：252-255.

[2] 郭静仪. 英语学习活动观视野下的语法课堂教学实证研究——以商务英语专业为例 [J]. 新课程，2022（31）：60-61.

[3] 杨亚丽，范思环. 立德树人理念下高校英语教学策略研究 [J]. 食品研究与开发，2022，43（15）：241.

[4] 韩放. 新时代高校商务英语课程思政教学体系构建探索——以"综合商务英语"课程为例 [J]. 教育教学论坛，2022（34）：113-116.

[5] 陈媛媛. 人工智能背景下河南外语数据标注行业应用型人才的培养研究 [J]. 太原城市职业技术学院学报，2022（07）：5-7.

[6] 左梦楠. "一带一路"背景下商务英语翻译教学与人才培养问题探究 [J]. 英语广场，2022（21）：7-10.

[7] 林琼. 双线混合式课程思政路径研究——以"商务英语新闻评论"项目教学设计为例 [J]. 红河学院学报，2022，20（04）：92-95.

[8] 朱楠. 综合商务英语课程思政的设计与实践研究 [J]. 对外经贸，2022（07）：89-92.

[9] 蒋红艳. 基于《商英指南》的"综合商务英语"课程改革探究 [J]. 现代商贸工业，2022，43（17）：52-54.

[10] 张艳，周媛媛. 基于语类教学法的"商务英语写作"课程教学改革研究 [J]. 西部素质教育，2022，8（13）：31-33.

[11] 詹文莲，贺萍. 基于学生核心素养的商务英语课程改革与实践 [J]. 中国教育学刊，2022（07）：3.

[12] 刘盛兰. 基于泛在化学习理念的商务英语听力课程混合式教学模式创新探索 [J]. 高教学刊，2022，8（19）：33-36.

[13] 任妍彦. 案例教学法在商务英语课程教学中的应用研究 [J]. 教育观察，2022，11（19）：110-113.

[14] 杨健，吴兰. 基于跨境电商发展的开放教育英语人才培养策略 [J]. 辽宁广播电视大学学报，2022（02）：35-38.

[15] 刘宏玉. 高校商务英语专业课程思政改革创新路径研究 [J]. 发展教育学，2022，3（7）.

[16] 吴佳庆. 高职院校英语教学资源库的构建及应用 [J]. 太原城市职业技术学院学报，2022（06）：149-152.

[17] 叶锐. 高校商务英语教学创新发展探索——评《商务英语教学与研究》[J]. 中国高校科技，2022（06）：108.

[18] 田圆. 对国际营销中商务英语作用的探索 [J]. 营销界，2022（12）：56-58.

[19] 戈秀兰. 从符号到意义：产教融合背景下商务英语专业质量保障体系构建 [J]. 黑河学院学报，2022，13（06）：56-58.

[20] 王晶晶. 应用型本科国际贸易专业英语口语教学改革研究——以巢湖学院为例 [J]. 海外英语，2022（12）：120-121，126.

[21] 王帅. 商务英语教学中的商务文化意识培养路径探究 [J]. 发展教育学，2022，3（9）.

[22] 朱钰. 案例教学法在商务英语教学中运用思考 [J]. 发展教育学，2022，3（9）.

[23] 禹杭. 剑桥商务英语教学素材中的思政内容建设研究 [J]. 河南教育（高等教育），2022（06）：72-73.

[24] 曾园. 基于应用型商务英语教学模式的研究与实践 [J]. 现代商贸工业，2022，43（16）：228-229.

[25] 王丽锦. 产教融合推动高职课程体系创新改革研究——以商务英语课程为例 [J]. 职业技术，2022，21（07）：90-96.

[26] 周念. 基于SPOC的商务英语专业课程混合式教学方法研究[J]. 现代英语，2022（12）：58-61.

[27] 周海彦，田文菡. 应用型本科院校商英专业学生实践能力培养——基于《商务英语实务》课程[J]. 科幻画报，2022（06）：217-218.

[28] 闫楠楠. 思政育人理念导向下的商务英语专业教学改革研究——以"综合商务英语"课程为例[J]. 佳木斯大学社会科学学报，2022，40（03）：245-248.

[29] 陈淑芬. 商务英语翻译教育教学创新研究[J]. 食品研究与开发，2022，43（11）：233.

[30] 李桂云，李茂林. 高职商务英语专业立体化实践教学体系的构建与实践[J]. 新疆职业教育研究，2022，13（02）：39-43.